小书本 大世界 XIAOSHUBEN DASHIJIE

世界历史未解之谜

崔钟雷 主编

吉林美术出版社|全国百佳图书出版单位

图书在版编目（CIP）数据

世界历史未解之谜 / 崔钟雷主编．—长春：吉林美术出版社，2010.10（2022.1 重印）
（小书本大世界）
ISBN 978－7－5386－4739－6

Ⅰ.①世… Ⅱ.①崔… Ⅲ.①世界史－青少年读物
Ⅳ.①K109

中国版本图书馆 CIP 数据核字（2010）第 185725 号

书　　名：世界历史未解之谜

策　　划　钟　雷
主　　编　崔钟雷
副 主 编　刘志远　芦　岩　杨亚男
出 版 人　赵国强
责任编辑　栾　云
开　　本　787×1092 毫米　1/16
字　　数　100 千字
印　　张　11
版　　次　2010 年 10 月第 1 版
印　　次　2022 年 1 月第 4 次印刷

出　　版　吉林出版集团
吉林美术出版社
发　　行　吉林美术出版社图书经理部
地　　址　长春市人民大街 4646 号
邮编：130021
电　　话　图书经理部：0431－86037896
网　　址　www. jlmspress. com
印　　刷　北京一鑫印务有限责任公司

ISBN 978－7－5386－4739－6　　定价：35.80 元

前言 QIAN YAN

广阔的宇宙如此浩瀚，有太多的谜团吸引我们好奇的心；纷繁的世界如此丰富，有太多的精彩诱惑我们明亮的眼睛。

在快节奏的现代生活里前行，我们有时需要静下心来翻开一本书，让疲惫的精神在知识的家园里徜徉。“小书本大世界”这套丛书，便可以满足我们的需要。

本系列丛书编入了人们最感兴趣的话题，并且图文并茂，图说新颖。未解之谜包含了自然、社会、历史众多的悬疑奇案，《动物世界》展现了各种动物的千姿百态，《十万个为什么》解答了大千世界的种种疑问，《88 位中外名人故事》演绎了各位名人成才的艰辛历程，《地球之最》涵盖了人类家园的最新知识。

小小的书本里面蕴藏着一个大大的世界，在小书本里面，可以汲取无尽的知识，可以开阔狭窄的视野，还可以带来心灵上的轻松和愉悦。那么，让我们快速打开这套书，享受其中的乐趣吧。

编　者

目录 MU LU

文化艺术

名人逸闻

政治军事

宫庭秘闻

文化艺术

文明孕育了世界，艺术创造了生活。神秘而奇特的文化艺术，在人类漫长而辉煌的历史长河中，还存在着众多悬而未决的未解之谜。这些离奇事件所散发的神秘的魅力，像磁石般吸引着人们好奇的目光。

古埃及金字塔之谜

在人类文明史上有一项伟大的奇迹。始终是一个谜，它就是金字塔。它闪烁着神奇的智慧光芒，屹立于古老的尼罗河畔，长达数千年之久。但是金字塔的起源却成为历代学者们争论的焦点，说法不一。

在中世纪，很多作家都认为，在埃及粮食充裕的时期，金字塔是被用来储藏粮食的大仓库。近几年来，金字塔被人描述为日晷仪和日历、天文观测台，甚至在与神秘的外星生命也有一定的联系，人们把金字塔当作天外宇宙飞船的降落点。

“金字塔是法老们的墓穴”说

大多数有名望的埃及学者认为，金字塔是法老们的墓穴。这种观点得到人们的广泛认同。据埃及神话的记载，在尼罗河西岸兴建金字塔，这里联系着通向来世的路。有很多在葬礼仪式中使用的小船在金字塔周围被发现。据说，法老们便是乘坐这些小船通往来世的。

许多金字塔中都有石棺或木棺，这一点早已被证实。19 世纪之前，在石棺上或在石棺附近发现的神秘图画，被确定为是用来帮助法老们从一个世界通往另一个世界的咒语。

“金字塔是为巩固国家地位”说

但研究者们并未在金字塔中找到法老们的尸体，并且有些法老似乎不仅仅建了一座金字塔。

20世纪著名的物理学家库尔特·门德尔松坚持认为，法老们建造金字塔的目的是在到处是散落的部落的时代巩固埃及的国家地位，而不是为了建造坟墓。门德尔松的理论使坟墓理论不能解释的问题得以解决。

还有一些人认为金字塔中没有尸体，却有大量的陪葬品，这说明金字塔是衣冠冢——死去的法老们的纪念碑，但不是他们真正的坟墓。

大部分埃及研究者始终认为，即使金字塔兼有其他功用，但终究是作为坟墓的功用才被建造的。许多坟墓环绕在金字塔附近，墓主人的身份、地位应该位于法老之下。

“金字塔是古代建筑进步的标志”说

另外，关于金字塔的一个折中的观点认为，金字塔可以被理解为古代建筑进步的标志之一。这种建筑从矩形、平顶、砖泥结构的坟墓开始，今天我们称之为古埃及墓室（里面曾经发现过尸体）。随后，建筑者将平顶结构垂直垒叠，于是便呈现了今天的“台阶式金字塔”建筑，那些最著名的金字塔至今仍矗立于撒哈拉地区的开罗南部。

几乎所有延续埃及文明的东西都关系到了死亡，死亡好像成了他们宗教、文学的限定力量。法老们建金字塔的目的不在今世而在来生，无论是借助于小船、台阶，还是阳光，成功才是唯一目的。于是，将金字塔建造成可以存放遗体的式样，即坟墓，这是至今相对最合理的推测。

不过，科学是永无止境的，历史在延续，人类的天性在于不断地探索无限的未知世界，随着科学的发展，人类探索脚步的加快，金字塔之谜一定会真相大白。也许一个新的、不为人知的理论又将摆在世人面前，也许会有一个又一个谜团被解开。

《汉谟拉比法典》之谜

《汉谟拉比法典》使汉谟拉比王留名后世。《汉谟拉比法典》的内容涉及经济、政治、军事、文化等各个方面，被人们认为是人类历史上第一部较为完备的成文法典。也正是这部法典给人们留下了众多谜团。

发现宝典

作为世界上最早的一部比较系统的法典——《汉谟拉比法典》，历史上对它的传闻非常多，它究竟是一部怎样的法典，在历史中又经历了哪些磨难？

1901 年 12 月，一支由法国人和伊朗人共同组成的考古队，在伊朗西南部一个名叫苏撒的古城旧址上发掘出三块黑色玄武石，考古队将三块玄武石拼在一起，恰好是一个椭圆柱形的石碑。这块石碑高 2.25 米，底部圆周 1.9 米，顶部圆周 1.65 米。石碑非常精美，上图下文。石碑上半段的精致浮雕上是古巴比伦人崇拜的太阳神沙马什，神端坐于宝座上，而古巴比伦国王汉谟拉比恭敬地站在他的面前。沙马什将象征着帝王权力的权杖授予了汉谟拉比。在石碑的下半段，刻着一部由汉谟拉比制定的法典，用楔形文字写成，其中有些文字已被磨光了。这就是著名的《汉谟拉比法典》。

“古巴比伦之王”汉谟拉比

汉谟拉比是古代巴比伦王国的国王，也是古代著名的政治家。他继承王位之后，首先统一了全国，然后进行对外扩张，最终汉谟拉比统一了两河流域，建立了一个从波斯湾到地中海的中央集权制国家，并自称“巴比伦之王”。汉谟拉比所制定的《汉谟拉比法典》是古代最著名的法典之一。这部法典的内容涉及经济、政治、军事、文化等多个方面。在汉谟拉比逝世后，巴比伦王国便逐渐走向衰落，不久便灭亡了。

法典之谜

苏撒原来是一座 5 000 年前的古代都城。公元前 3 000 年前，在今天伊朗迪兹富尔西南的苏撒盆地中有一个强大的奴隶制王国，名叫埃兰（又译“依兰”）。古城苏撒就是埃兰王国的首都。在公元前 1163 年，埃兰人攻占了巴比伦，随后，就把刻着《汉谟拉比法典》的石柱作为战利品带回了苏撒。后来埃兰王国又被波斯所灭。

公元前 6 世纪，波斯帝国国王大流士镇压高墨达起义之后，又把波斯帝国的首都定在苏撒，刻有《汉谟拉比法典》的石柱便又落到了波斯人的手中。但至此以后，法典便神秘消失，再无人知晓它的踪迹。几千年之后，这根刻有法典的石柱又被人们发掘出来，才得以重见天日。但人们惊奇地发现，石柱的正面七栏已经被损坏。

根据传说，埃兰国王曾打算在石柱上刻上自己的功绩。然而，为什么石柱不仅没有刻上新字，反而被损坏了呢？《汉谟拉比法典》究竟经历了怎样的劫难呢？这一切至今还是一个谜。

“空中花园”的建造者之谜

古巴比伦的“空中花园”是世界古代七大奇迹之一，其神奇令人啧啧称叹。但是人们并未亲眼目睹过其壮观美景，因此不免让人产生怀疑，它是否真实地存在过？

“空中花园”为尼布甲尼撒二世所建

传说巴比伦空中花园是新巴比伦国王尼布甲尼撒二世所建。因为他美丽的王妃赛米拉米斯常常思念她那山清水秀的故乡，加之，她也不习惯于巴比伦炎热干燥的气候和单调的平原景色。所以，尼布甲尼撒二世下令在巴比伦城中建起立体式的空中花园，以博取王妃的欢心。

“空中花园”为辛那赫瑞布所建

尼布甲尼撒二世建造空中花园的说法已让许多人产生怀疑。他们否定了空中花园是在巴比伦时期由尼布甲尼撒二世建造的说法，而认为空中花园应该是在尼尼微城，建造者是比新巴比伦国王尼布甲尼撒二世早了 100 年的亚述国王辛那赫瑞布，此种说法从何而来？

“历史之父”希罗多德曾在书中对巴比伦的建筑艺术及装饰艺术进行过赞美，对金碧辉煌的宫殿、华美的神庙、浮雕都曾进行过详尽的描述，“巴比伦的美丽远远超过了世界上的任何城市”。但是对空中花园却只字未提。

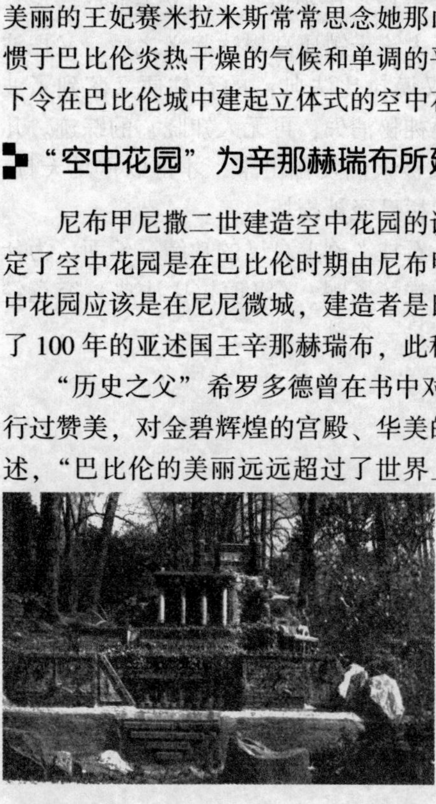

同样也是罗马史学家的色诺芬在其著作中赞美了巴比伦城墙的雄伟壮观，但对空中花园却也是只字不提。难道根本就不存在这样一座建筑？

而且，人们至今没有找到有

关尼布甲尼撒二世建造空中花园的记载，不过在有关亚述国王辛那赫瑞布的许多文献记载中，却不止一次地提到他在尼尼微城中建有一座美丽的花园，并引城外的河水入城中浇灌花木。而辛那赫瑞布的后代也常常提及，他们常在尼尼微这个人造山形花园中以捕杀从笼子里放到园中的狮子和野驴为乐。

在尼布甲尼撒二世去世后的 23 年，波斯人强占新巴比伦，同时将幼发拉底河改道，使其远离巴比伦。依照常理，缺水肯定会使巴比伦的空中花园花木枯萎，不可能葱郁百年。可是在尼尼微的浮雕却表明，亚述人不仅采用“水泵”抽水浇灌人造花园，还用水槽将山泉引入园中。即使无人灌溉，花园依然可以苍翠如初。

以上两种说法都言之有理，证据确凿，如此看来，今天的人们不但看不到空中花园的美丽“倩影”，就连它曾经是否存在也成为了一个千古之谜。

玛雅文明高度发达之谜

玛雅人以其聪明的才智创造了灿烂的玛雅文明。1576 年，西班牙王室使者迭戈·加西亚在中美洲的丛林中发现了“沉睡”了数个世纪之久的玛雅文明，至此，神秘的玛雅文明终于浮出水面。

公元前 1000 年，玛雅人在危地马拉、洪都拉斯、墨西哥等地过着安定的农业生活，从此，玛雅文明开始形成。

神秘的玛雅文明

根据传统的年表，玛雅文明史可划分为三个阶段：（一）前古典时期，约从公元前 1500 年~公元 317 年；（二）古典时期，从公元 317 年~公元 889 年；（三）后古典时期，从公元 889 年~1697 年。至此，最后一批有组织的玛雅人被西班牙人征服。在不同的时期，玛雅文明呈现出不同的特征。

最早的玛雅历法出现于前古典时期。在制作陶器、石雕等方面，南部玛雅人较为擅长，而中部玛雅人则擅长建造房基，修建一些有拱顶并添加了灰浆的毛石工程，同时筑有一座座初期的古碑。而北方的玛雅人既能够制作简单的原始陶制品，还建造了大型的宗教设施。

大约在公元元年前后，玛雅人独立地创造了象形文字。玛雅人以石碑做年鉴，每20年立一块石碑，以记载发生的重大事件。令人遗憾的是，现得以幸存下来并被公认的内容只有三本，即《玛雅三抄本》。

此外，通晓天文学的玛雅人可以精确地预测日食和月食发生的具体时间，并计算出了金星公转的周期，计算结果和当时的中国与欧洲相比更为精确。他们还制定了太阳历，将一年分为18个月，每月20天，外加5天的1个月，共计19个月计365天，计算时间的准确度超过了当时世界上通用的格列历。玛雅人在数学上也成就斐然。早在公元前3000年，玛雅人就发现和使用了0这个数字，比世界上其他民族要早800年。

早在古典时期，贸易交换就在南方玛雅人中产生并日益繁荣，在后期，除北方地区之外的大部分地区都出现了文化衰退现象。中部地区出现了彩陶、石雕、精致的毛石工程、尖顶石碑雕刻及特佩乌陶器。

在建筑、雕刻和绘画上，玛雅人更是堪称一绝。雄伟壮阔的宫殿可与欧洲最大的宫殿媲美，无与伦比的石砌金字塔、太阳庙可与埃及金字塔一决高下，那些嵌于建筑物上的巨型石雕更是出神入化，美妙绝伦。

在后古典时期，南方玛雅人被托尔特克人征服。这里的玛雅文明出现了陶制塑像，在山岗顶上建有防御工事。后来，北方玛雅人也被托尔特克人征服，并在奇琴伊察形成了一个巨大的统治中心，人们崇拜“库库尔坎”——一位长羽毛的蛇神。玛雅人将奇琴伊察遗弃后迁都玛雅潘。

玛雅文明神秘消失之谜

公元10世纪末，玛雅人抛弃了自己辛勤建造起来的繁华城市，躲进了深山老林，他们这种背弃文明、回归蒙昧的做法是出于自愿，还是另有原因呢？

史学界对此猜测不已。有的说他们可能是受到外族侵犯，有的说他们可能受到气候骤变、地震等自然灾害的影响，因而大规模地集体迁移。可是这些假设和猜测都不具有说服力。

《伊索寓言》的作者之谜

《伊索寓言》是世界著名的寓言集，其中许多脍炙人口的故事早已家喻户晓，如《狼和小羊》《龟兔赛跑》《狐狸与葡萄》等，这部作品影响了许多人，然而《伊索寓言》的作者是伊索，还是另有其人呢？

《伊索寓言》的作者是谁

《伊索寓言》在世上广为流传，影响着一代又一代人。《伊索寓言》的作者真的就是伊索吗？很多人就这一问题提出了质疑。

有人曾经对《伊索寓言》的作者是谁这一问题作过研究，研究发现：大哲学家柏拉图曾说他的老师苏格拉底于公元前399年在监狱中把《伊索寓言》改成了韵文；《狐狸和刺猬》的故事曾出现于百科全书式学者亚里士多德（公元前384年~公元前322年）所作的《修辞学》中；阿维阿努斯在公元4世纪将42个寓言故事改写成拉丁文哀歌体对句；大约14世纪时马克西姆斯·普拉努底斯教士收集汇编了这些寓言，使得伊索寓言在世界上广泛流传。

同时有人认为，伊索这个名字事实上与寓言这个词同义。最早是伊索或者某一个像他那样的人，以简洁、明快的风格讲述所收集的寓言故事，具有伊索风格的这些寓言经一代代口头流传下来，最后都被视做出自伊索的手笔。例如，在古埃及的大纸草中；在西亚的古苏美尔时期和古巴比伦的泥板文书中；还有古印度梵文《五卷书》中；以及公元前8世纪希腊的《田功农时》中；佛教经典《嘉言集》和《本生经》中；小亚细亚《旧约全书》中的《士师记》中都有这种伊索风格的寓言。

但也有人认为，伊索的寓言只是以口头文学的形式流传下来，并未成书，现在人们所知晓的《伊索寓言》是由后人多次收集、编纂和改写而成的。

《伊索寓言》的作者究竟是谁，还是一个未解之谜，也许我们会有各种各样的猜测，但有一点值得肯定，那就是《伊索寓言》的文学价值是非常高的。

“龙骨”的秘密

骨文也叫“契文”“卜辞”“龟甲文字”“殷墟文字”等，是商周时代刻在龟甲兽骨上的文字。但甲骨文出土之初，人们并不知道它的史学价值，而是把它当成了治病的“龙骨”。

“龙骨”的发现

1899年，北京有一位医师，为一个患上疟疾的患者开了几种药。病人的亲属王懿荣，碰巧是位研究古代文字的专家。他发现药方中一种名为“龙骨”的药物，并不是什么骨头，而是变黄的龟甲，并且龟甲上面还有很多划痕。

王懿荣十分好奇，拿起甲骨仔细观察划痕，竟然出乎意料地发现那些划痕似乎像是某种文字。那些字体既非原始的象形文字，亦非现代中国人所使用的表意文字，这显然是一种远古铭刻。因此，王懿荣深信那是约3 400年前的商朝遗物。而在此之前大多数的历史学家都认为商朝只是一段传奇，不可尽信，而甲骨文的发现与解读使这种怀疑烟消云散了。商代的人从此被看作是中国文字的创始者。

王懿荣的发现，激起了其他学者和古董收藏家搜寻有铭刻的“龙骨”的兴趣。通过20世纪初期出土的大量器物碎片，人们了解到商代龟甲兽骨上的裂纹不是意外所致，而是有意以高热烘烤造成的。商朝人认为，裂纹的形状和位置可以预示吉凶，因此在裂纹四周的文字，既记载所占之卜，同时也录下了卜骨的答案。而商朝人自王公以至庶民，一应事项，都依占卜取舍。

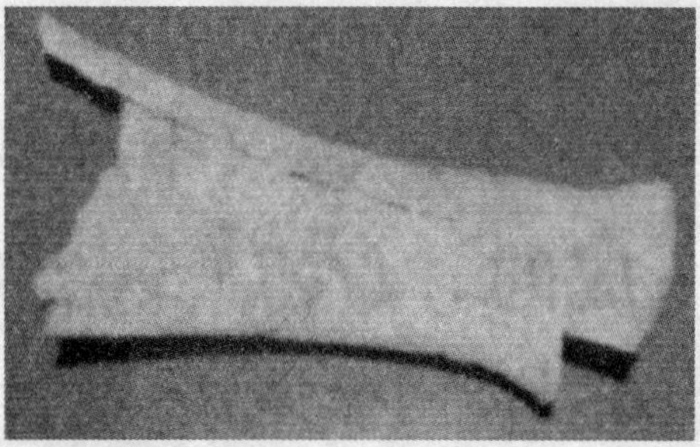

“龙骨”的出处

但在王懿荣的初步探索之后，仍然有一个重要的问题尚未解答，商朝人居于何地？商代的城市中心究竟在什么地方？

安阳地区不仅发掘出大量甲骨（单是一个坑就有1.7万件），同时还发现了商代都城遗址。根据这些发现，许多考古学家都认为，甲骨是出自商代最后一个首都“殷”的所在地。而在华北其他地方，也发现了许多有关商代的证据——一个曾被视为“神话般的”社会，现在终于“重获新生”了。这些珍贵的出土文物不仅具有巨大的史料价值，还为我们研究古代文明给予了极其重要的帮助。

古印加人弃城而去之谜

1911年，美国探险家海勒姆·宾罕姆发现了一座神秘古城，并将其命名为“马丘比丘”。被遗弃了近一个世纪之久的马丘比丘古城再次呈现在世人面前，带给人们无限的遐想。

马丘比丘古城地处乌鲁邦巴河峡谷。古城雄伟壮丽，令人啧啧称奇，但同时人们也会生出无数疑问，它为何会湮没无闻呢？

美丽的“空中的城”

根据传说，“马丘比丘”是印加帝国的缔造者曼科·卡帕克的出生地。它位于印加帝国首都库斯科以北的118千米处，名字取自它所在的山峰，字面意思是“老山峰”。它三面临河，一面靠着白雪皑皑的萨而坎太山，地势极为险要。正因此，它才勉强避开了西班牙侵略者及天主教势力的侵犯，得以保留完整。

古城建筑具有浓厚的宗教色彩，神庙皆建造细腻，对缝严整，并配有三扇窗户，对缝处无任何黏合物，但却连极锋利的刀片都无法插入。墙上的每一块石头都像拼图一样，被巧妙地连接起来，这与其他印加遗址的风格大相径庭。

在城市中间的“神圣广场”上矗立着一座巨大的日晷，马丘比丘人通过它来测定每天的时刻。在古城的一端还有著名的太阳神庙和“拴日石”，印加人希望用“拴日石”永远留住他们心中至高无上的神——太阳，它是万物

生命和希望的起源。

马丘比丘人在城堡对面的山峰上勤劳地筑起层层梯田，并开凿了引水渠，用雪水灌溉农田。

人们对印加人弃城原因的猜测

拥有如此美丽而逍遥的空中之城，马丘比丘人为何离开自己理想的家园？没有任何留恋，没有任何先兆，到底是什么原因呢？很多人认为是因为西班牙征服者的入侵。但是，据史料记载，当时侵略者的铁蹄并未踏足此地。而且研究者还发现，在1533年西班牙人征服印加帝国前，马丘比丘人便已离开了这座美丽的空中古城。即使真的是因为西班牙人的入侵，想想印加帝国的雄厚实力，拥有精锐骑兵的印加人，居然不敢和百余人的西班牙人侵者作殊死的战斗？这种解释恐怕难以令人信服。

当今的考古学家在安第斯山脉不断挖掘出大量印加帝国的遗物，证实了印加人的确是遗弃了美丽的家园，而迁移到荒芜的山地中再次建设家园。

马丘比丘人在云雾缭绕的山顶建造了美丽的空中家园，并在此安居乐业，可是他们却忽然离开了这块他们赖以生存的乐土去重建家园，到底是为了什么？是上苍的旨意，是部落之间的侵袭与纷争，还是奴隶们的反抗使其统治坍塌了？目前没有任何证据能解释他们为何弃家而去，印加人和马丘比丘人给人们留下了一道无法解答的难题。

印度尼西亚“千佛寺”之谜

释迦牟尼被公认为佛教的创立者，佛教发源于印度，但是世界上最大的佛教建筑却在印度尼西亚，而并未建造在印度，这对佛教发源的国度——印度，可谓一件令人称怪的事。

文明奇观——婆罗浮屠

印度尼西亚的婆罗浮屠被列为东方文明的四大奇观之一，也是世界石刻艺术宝库之一。在佛塔的基座上雕刻有160块浮雕，都是依据佛经雕刻的。在中部有五层塔身和围墙，其上也刻了1 300块精美的浮雕，浮雕的内容详尽地刻画了佛祖解脱之前的日常生活，然而浮雕上并非都是佛教的传说，有一些内容则是来自于民间的传说，浮雕上人物被刻画得栩栩如生。除了浮雕之外，这里还有塑像423尊。

这座佛塔的名字中融合了印尼文化，并非印度佛教文化简单的移

植。“婆罗”一词来自梵文，是“庙宇”的意思，“浮屠”是古爪哇文，意为“山丘”，“婆罗浮屠”即为“山丘之庙”。佛塔的数量很多，佛像也很多，庙中佛像有一千多尊，大型浮雕一千四百余块。所以，在爪哇历史中，这座佛塔又被称为“千佛寺”。佛塔被后人发掘出来后，大批学者纷纷前来对它进行研究。然而，时至今日，它的秘密越来越多，虽然人们都在努力探索，但都未能揭开这些秘密。

佛塔的建筑年代在史料中并没有明确的记载。根据考古学家们的考证，从由跋罗婆文书写的碑铭上可以推测出，这些建筑历史久远，估计在公元772年~公元830年间，然而具体时间无法断定。

塔内众多的佛像、雕刻均有着深刻的含义，然而，它却不是容易被今人所理解的。直到今天，世人所能理解的仅为20%。例如《独醒图》是表现富贵不能淫；《救世图》是赞扬佛的慈悲宽宏；《身教图》则是教育人们不要冤冤相报，其余大部分佛像雕刻今人都已经很难理解其深刻含义了。

还有一个出现许多巧合的现象就是数字。婆罗浮屠的整个建筑，多次用到了8、10等数字。在3层圆台上小舍利塔的数目分别为32，24，16，在塔内共有504尊佛像，全部都是8的倍数。佛塔建筑中所有舍利塔的数目都是73，而73的个位与十位数之和恰好是10，这是佛教中一

种圆空、轮回的教义的体现。另外依据传说，原本塔内有505尊佛像，但现在只剩下504尊，这是由于原来的佛像修行圆满，涅槃远走高飞。原佛像数505这三位数之和也是10，这与舍利塔的总数目具有相同的道理，即从0出发，经过9个实数后，再回复到0，故10等于0。由此可见，佛像在数字方面时时都注意体现教义。

随着佛塔神秘面纱的揭开，也许会出现越来越多的类似之谜，虽然人们目前还无法完全去破译这些谜的谜底，但是相信随着时间的推移和科学技术的发展，有关神秘的千佛寺的谜底将会完全地展现在世人面前。

《源氏物语》作者身份之谜

日本古典文学中最著名的长篇物语小说《源氏物语》，大约成书于11世纪初期，它被公认为世界上最早出现的、完整的长篇散文体小说。但是这样一部伟大的作品，其作者的身份却是一个谜。

《源氏物语》作者之谜

《源氏物语》作为日本文学史上最早、最优秀的长篇小说，它影响了整个日本文学发展的历程，人们将它誉为世界文学长廊中的经典作品。

虽然《源氏物语》是日本文学的奠基之作，但人们对这本书的作者知道得却很少，甚至连她的真实姓名都不了解。一般人们都将她称作紫式部，因为《源氏物语》中的女主人公紫姬为世人所熟悉，而且她的兄长曾担任式部丞一职，因此这个名字是将女主人公紫姬的姓氏紫及式部的官衔合在一起所得。她之所以不愿透露真实姓名，主要因为她是11世纪时日本晶子皇后宫中的一位女官。在当时贵族妇女除公主之外的名字，一般是不被公开的。尽管她的部分具体事迹和她的姓名仍然是个谜，但许多学者已在过去数百年间对她的生活方式和生平进行了深入的研究。其中部分资料取材于《紫式部日记》。这部日记她写了四年之久，至今仍然完好地保留着，但其内容并不是十分明确。

紫式部出身于势力极大的藤原家族旁系的一个家庭。她大约在1000年与御林军

军官藤原宣教结为夫妇，生有一女。但不幸的是，在结婚两年后她的丈夫就去世了。

年纪尚轻就成了寡妇的紫式部在家中静居，据说《源氏物语》就是在这时动笔的。她通过父亲的关系在1005年或1006年进宫做了女官，主要是为一条天皇19岁的皇后晶子讲解中国唐代诗人白居易的诗及《日本书纪》。1011年一条天皇驾崩之后，皇后晶子同她的侍女搬到了一个较小的宫殿居住。

《源氏物语》使许多文学工作者最不理解的一点，并不是作者的隐姓埋名，而是作者竟是一个女人。当时的日本妇女，即便是贵族也没有几个能看懂文学著作的，更别说执笔进行创作了。然而一名女子又如何能写出日本最早、最伟大的小说呢？不过，与有关紫式部的其他谜团相比，这点较容易解答。那个时代，汉文多是日本男人用来阅读、书写的，汉文在当时是标准文字。日文则只能用在日常琐务方面以及供女人使用，因此用日文书写的基本上都是女人。但即使如此，也曾经有人提出《源氏物语》的作者是个日本男人而并非女人，他只是假托女人的身份和口吻来写的，但这种说法并无任何证据，也无法让人信服。

同其他小说相比，丰富的想象力和庞大的规模是《源氏物语》的特色。全书大体围绕年轻皇子光源氏和他周围各色人物展开情节。有人推测，也许是丈夫死后，紫式部想要找点事做以便打发时间，于是便着手写《源氏物语》；随后她在入宫侍奉皇后晶子期间，仍没有停止写作。并且在宫中的生活更丰富了她的写作素材，凭这一点也能推断出紫式部是一名女子，而且她的身份是皇后晶子宫中的女官。

尽管紫式部的身份正渐渐浮出水面，但有关《源氏物语》的许多细节问题依然是迷雾重重，比如紫式部的年龄，什么时候完成的《源氏物语》等问题还是无法确定，人们只能这样猜想，在距今大约1 000年前，有一位日本少妇，坐到桌前，铺开纸张，提笔写下了“不知何朝何代……”

吴哥窟湮没之谜

在15世纪上半叶，吴哥王朝被迫迁都金边，曾经繁华昌盛的吴哥城，如今已杂草丛生，逐渐被茂密的热带森林所湮没。这座神秘的古城遗留下了一系列的问号和悬案，有待后人去探索研究。

吴哥窟是一个隐藏在密林中的神秘建筑，在其中生活着的人竟然会突然人间蒸发，怎么会发生这种事呢？

神秘的吴哥古城

早在1861年，法国生物学家亨利·墨奥特来到法国领地印度支那半岛（即中南半岛）的高棉，寻找珍奇蝴蝶的标本。深入高棉内地之后，他雇用四名当地土著充当随从，开始进入一大片阴暗的丛林区。猛然间五座石塔展现于他们面前，特别是中间那座最为雄伟。塔尖映在夕阳里闪闪发光。墨奥特惊叫着奔向前去，迫不及待地一览这座埋藏在丛林中的古城。这就是闻名世界的吴哥窟，古名“禄兀”。

吴哥窟占地面积广阔，东西长1 040米、南北长820米，堪称一座雄伟庄严的城市。几百座设计独特的宝塔高高地矗立着，周围用于灌溉的沟渠宽200米，如“护城河”般守护着吴哥窟。建筑物上还刻有许多仙女、大象及其他浮雕，尤以172个人的“首级像”最为壮观雄伟。在这座古窟中有寺庙、宫殿、图书馆、浴场、纪念塔及回廊，表示当年在此兴建都市的民族必定是个文化较发达并且有着高超建筑技术的民族。

大吴哥位于吴哥窟的北部，

是闭耶跋摩七世统治时期建造的都城。吴哥城规模非常宏伟壮观，护城河环绕在周围。城内有各式各样精美的宝塔寺院和庙宇。吴哥城的中心是巴扬庙，在它的周围有象征着当时16个省的16座中塔和几十座小塔，它们一起构成了整齐巧妙的阶梯式建筑群。

大约在12世纪上半叶，全盛时期的吴哥王朝建造了吴哥古城，在当时，高棉国王苏利耶跋摩二世信仰婆罗门教，为祭祀“保护之神”毗湿奴，于是建造了世界闻名的吴哥窟寺（又称小吴哥）。吴哥古城独特的魅力吸引了全世界人民的目光，它与埃及金字塔、中国长城、印度尼西亚的婆罗浮屠并称为“东方四大奇观”。

重新展现在世人面前的吴哥古迹，具有神奇而永恒的魅力，使得世人为之倾倒、赞服，同时又使人们产生了无穷的遐想和诸多疑问。至今为止关于柬埔寨中古时代的史料极其缺乏，因此这些疑问也就成了千古之谜。

据说在1431年，暹罗人攻陷吴哥窟仅用了7个月的时间，他们掠夺大批战利品后扬长而去。然而第二年暹罗人再次侵略之时，此处已成了一座“无人城”，空旷死寂，无一丝生气。

吴哥古城的众多疑点

这座空无一人的古城让人们产生了诸多不解：疑点之一是，究竟是何人建造了美妙绝伦的吴哥古城？古城的每一块石头都是精雕细琢，遍布浮雕壁画，其技巧之娴熟、精湛，想象力之丰富、惊人，令人难以置信，以至于长时间流传着吴哥古迹是天神的作品，不可能出自凡人之手的传说。这些垒砌的建筑，竟没有使用黏合剂之类的物品，仅靠石块本

身的重量和形状紧密相接。时至今日，吴哥古迹的大部分建筑虽历经沧桑，却仍岿然不动，向人们展现了柬埔寨人民的高超的艺术才能和过人的智慧。

疑点之二是，研究者通过对吴哥城的规模进行估计，在这座古城最繁荣的时候，至少有100万居民在此生活。然而究竟为何如此繁荣昌盛的城市会湮没在丛林中呢？它的居民为什么都不见了呢？有人猜测，流行瘟疫或霍乱之类的疾病，致使他们在极短时间内迅速地相继死去。侥幸活下来的人便将死去的人焚化以避免疾病流行，然后便怀着哀伤的心情远走他乡；同时也有人猜测，也许是外来的敌人侵占这座城市后，将城里的所有居民赶到某一地方去做奴隶了；又或者是国内发生了一场大规模的内乱，国民互相残杀，所有的人都被杀戮一空。但这种说法很难令人相信，因为人们在这里并未发现一具尸骨，这实在太不可思议了。

最近，有人干脆得出了一个令人瞠目结舌的结论：吴哥窟的居民们全部“移民”到其他星球上去了，他们在那里过着更加文明的生活！然而实情究竟如何则仍是个谜。

疑点之三是，放弃吴哥城在柬埔寨历史上是具有重要转折意义的，这是强大的吴哥王朝瓦解的标志。既然如此，到底是何种原因造成古城被湮没了呢？中国有一些学者认为此种结局与暹罗人的不断入侵有关，这使得高棉人作出了撤离吴哥城的最终决定。自从暹罗人不断强大之后，高棉人蒙受了深重的灾难和巨大的损失。日益衰竭的国力使得高棉人无法应付暹罗人的挑战，只得采取回避的方式。著名学者沃尔特斯博士也有类似的看法。然而他认为，吴哥王朝的衰弱和抵抗力的丧失，并不完全是暹罗人所造成的，主因应该是由于高棉王族之间内部矛盾斗争的发展。这时，暹罗人入侵，从而导致吴哥王朝有了放弃古城之举。

但丁何时开始写《神曲》的

但丁是中世纪意大利最著名的诗人，他在欧洲文学史上有着重要的地位，被恩格斯誉为“中世纪的最后一位诗人，也是新时代的最初一位诗人”。许多人都想知道，他是何时开始创作其代表作《神曲》的。

1265年，但丁·亚利基利出生于意大利的佛罗伦萨，他是文艺复兴运动的先驱者之一。三行体长诗《神曲》是他的代表作，用意大利方言托斯坎尼语写成。《神曲》的辞藻华美、想象丰富、设计巧妙、内容奇特、含义深刻，这些都是众所周知、举世公认的。然而对于这部名作的写作年代，专家学者们却是意见不一，观点各异。

《神曲》的写作时间之谜

文艺复兴时期的大师薄伽丘认为，《神曲》是从1300年开始写的，即但丁被放逐之前。但薄伽丘又认为，但丁可能是在被放逐之后，整理那些未完成的旧稿时，又将之全部改写。薄伽丘的这一观点是从但丁的作品《新生》中发现线索的。《新生》的末尾处，但丁附上了一段说明，即但丁梦见贝娅特丽采在天堂。这个梦按照《新生》成书的年代来说，应该是在1292年发生的事情。但是1310年之后，他重新整理旧稿时，将本来打算赞颂最光荣的女性的诗篇更改为对社会政治的批评作品，这就是我们现在所见的《神曲》。此时的《神曲》里，贝娅特丽采不再是“爱情”的化身而成了“信仰”的象征。

但是，后来的文学家并不完全认同薄伽丘

的说法，他们认为《神曲》就是但丁在放逐之后写成的，理由是《神曲》既然是在放逐之前开始写的，应该在之前的作品中就有所体现，但是人们并未发现。因此，《神曲》应该是他在流亡期间，一边创作《神曲》，一边与教皇斗争，拒绝屈服。

这些想法的碰撞无疑引起了我们对《神曲》创作时间的好奇，《神曲》就如同是一部天书不断激发人的想象。《神曲》的文学价值是毋庸置疑的，而且关于《神曲》是何时创作的谜团，同样会随着时间的流逝而有新的突破。

伦勃朗的自画像之谜

翻开世界美术史，将会发现没有任何一位画家如伦勃朗那样在一生中画那么多的自画像。它们记载着伦勃朗的生命历程。这些自画像对于画家来说，究竟意义何在呢？

从20岁的大学时代起，伦勃朗就开始画自画像，一直画到临终前。曾经的豪情满怀，到最终老态龙钟，满脸岁月的痕迹，这一切都被记录在一张张自画像上。

艺术天才伦勃朗

伦勃朗是一位艺术天才，23岁时已崭露头角，在阿姆斯特丹已是一位颇有名气的年轻画家了。当时，伦勃朗被一位富有的画商看中，不久，这位画商的一位亲戚莎斯基雅小姐便与伦勃朗结婚了。结婚之后他们的生活幸福美满。在此期间，他曾画过一幅与妻子一起的肖像画。伦勃朗坐在餐桌旁边，妻子坐在他的腿上。这幅画面展现了一对富裕的、心满意足的、毫无拘束的年轻夫妇甜蜜恩爱的生活场景。这时候也是伦勃朗绘画艺术的鼎盛时期。

当时的阿姆斯特丹被认为是欧洲最有魅力的城市，而伦勃朗则被视为阿姆斯特丹最有魅力的人物。世人都崇拜他，拜倒在他的脚下。他的画干净利落、技巧娴熟。画中的人物凭他画笔一抹，似乎就有了生命。伦勃朗作画速度不但快而且技巧全面。他的创造力源源不断，大量优秀的作品涌现出来，但他却显得是那么的毫不费力。

难以摆脱的厄运

伦勃朗经过短短七八年的鼎盛时期后，等待他的正是与那些过早成名的人所遭遇的不幸相同的厄运。在1642年，他接受一群军官的委托为他们画一张大型的集体肖像画，然而伦勃朗一反常态，将这幅画画得颇具喜剧色彩，表现的内容是一群军人在长官的率领下夜巡。画面上明暗的变化加强了戏剧效果，可是有不少人物不得不隐没在层层的暗影中。最终使得雇主大为恼火，提出抗议，指责伦勃朗为什么不把他们排成一行，使每个人都得到同样的亮度。那些被画成侧面像的军官们抱怨钱付的都是一样的，但是为什么在画面上的待遇却不一样呢！伦勃朗只得说："我是一个艺术家，不是调查人口的！"这个回答虽然很高明，但对他的职业却十分不利。此后，委托他作画的人少了。从这以后，他可以经常自己创作，不需要再迎合权贵富人的虚荣心作画了。伦勃朗虽然赢得了自己创作的自由，但生计也随之艰难了！

祸不单行，在这一年，伦勃朗的爱妻莎斯基雅去世了，为他留下了一个儿子。虽然依旧有人委托他画画，但却每况愈下，此时的伦勃朗已财源枯竭，面临破产。他亲眼看着自己的名声不断下降而被湮没。在他还在世的时候，他就似乎已经成为一个古代的、被人遗忘的大艺术家。在晚年孤寂的日子里，伦勃朗终于可以有充分的时间通过自画像来表达他对世俗的态度。在1669年伦勃朗临终前画了最后一张自画像：披着一件旧衣服，眯着眼睛的伦勃朗，张着嘴巴，好像在哀哭，又好像在冷笑，他审视着人间，脸上充满了一生中的抱负、斗争、梦想、成就、希望、失败、痛苦的印记。一切都已消逝了，无可奈何……

伦勃朗一生画了很多自画像。就如同美术史学家所说："尽管伦勃朗没有留下自传，但他的自画像已经向世人讲述了他一生的遭遇。"这也是画家对命运无声地诉说吧。然而，这些自画像真的能涵盖他一生的境遇吗？也许，只有伦勃朗自己才能诠释其深刻内涵。

《马拉之死》是怎样画成的

名画《马拉之死》表现了革命家马拉被刺的情景，其真实的细节描绘使画作获得了成功。然而，大卫是如何构思这些细节的呢？其艺术性何在？好奇心驱使人们不断地对其进行新的探索。

大卫的名画《马拉之死》在世界上声誉斐然，然而大卫是如何让这幅名画诞生的呢？在这幅画中又蕴含着哪些社会背景呢？这就需要先对马拉有个简单的了解。

《马拉之死》的构思来源于真实场景

让·保尔·马拉是18世纪法国资产阶级革命时期的著名革命家，并且是雅各宾派的主要领导人之一。1793年7月13日，由于他积极鼓吹暴力革命，坚决反对右翼吉伦特派的妥协投降政策，因而遭到吉伦特派残余分子的刺杀。马拉被刺杀的消息传出后，人们群情激愤，法国新古典主义大师雅克·路易·大卫受命用他的画笔表现马拉被刺的情景。三个月之后，题为《马拉之死》的著名油画开始在卢浮宫展出。人们交口称赞这幅画艺术地再现了马拉的崇高形象，画家凭借真实的细节描绘成功地表现了马拉遇刺身亡的情景。但是大家对画家为何如此构图则有着各自不同的理解。绝大多数人认为，大卫是运用了写实的手法，将马拉生前常常在浴缸中工作这一典型的场景作为创作素材。然而，马拉为何要以这样的

方式工作呢？这主要与他所患皮肤病有关。在法国大革命初期，为了使《人民之声》报能够及时出版，同时也为了躲避反动密探和刺客的重重包围，马拉经常到穷苦人家的地窖或城外采石场的洞穴等阴暗潮湿的环境中工作，致使他染上湿疹，并且蔓延全身，因此他不得不泡在水中以减缓病痛。同时，马拉作为国民公会代表身负重任，每天必须处理大量公务，为此他就在浴室里放了一张小办公桌。画家就是根据这个真实的情境进行构思创作的。而且，大卫本人也说过："在马拉被刺的前几天，我被派去访问他。他在浴缸中工作的情景令我惊讶。浴缸旁边放着一只木墩，那就是办公桌，上面有墨水瓶和纸，而在浴缸外的手却在书写关于人民福利的计划。我认为，将马拉为人民操劳的生活情景展示给人民是有益的。"

作品的构思是对之前画作的借鉴

然而，也有人认为该画的创作构思并非如此，大卫如此构图与马拉的病没有任何关系。根据专门为马拉遗体作防腐处理的医生所说，马拉患的是麻风病而非湿疹。所以大卫在绘制《马拉之死》时只不过是借鉴了之前他为另一位革命英雄勒佩蒂埃所作肖像画的画法。勒佩蒂埃生前也是国民公会代表，遭反动分子暗杀后，大卫也曾为他画过像。在画中死者赤裸着上身倒在床上，可以清楚地看见死者身上致命的伤痕。那幅画作造型单纯明确，意境深远，艺术处理上非常成功。所以，大卫决定以同样的手法来塑造马拉为革命献身的英雄形象，但不同的是这次马拉是死在浴缸中。此外，还有一些艺术史学家们主张应该从纯艺术的角度来看待这个问题。他们认为大卫不仅是新古典主义画派的巨擘，同时也是一个写实派画家，正是这种双重性决定了《马拉之死》的艺术构思。

关于《马拉之死》的创作构思问题的探讨可谓是众说纷纭，但现在尚未发现画家本人就此问题所作的详细说明，因此以上观点孰是孰非，难以下结论。

莎士比亚诗中的“黑肤夫人”之谜

莎士比亚的一生著作颇丰，他的笔下塑造了无数活灵活现的人物形象。“黑肤夫人”是众多人物形象中比较令世人瞩目的一个。她的生活原型到底是谁呢？是客栈老板的妻子，还是美艳的夫人？

神秘的“黑肤夫人”

莎士比亚一生创作了许多优秀的剧作，如《哈姆雷特》《奥赛罗》等，其表现手法独到，思想深邃，因此享誉世界。此外，他创作的十四行诗隽永、清新，在世界文坛上可谓是独树一帜。“黑肤夫人”就是莎士比亚十四行诗中的一个典型形象。在作家的笔下，“黑肤夫人”被塑造成一位绝色美女，极具诱惑力。后人费尽心思想弄清这位黑眼睛、黑皮肤、黑头发的“黑肤夫人”在现实中的原型究竟是谁。

“黑肤夫人”的真实身份

西方一些研究者认为，这位迷人的“黑肤夫人”就是位于斯特拉特福与伦敦之间的一位客栈老板的妻子。因为莎士比亚诗中描写的内容与这家客栈的情形非常吻合，而且客栈老板的儿子私下里也曾自称是莎士比亚的私生子。

但调查研究后，研究者们发现，那家客栈在“黑肤夫人”问世之时尚未存在。显然这在时间上便有所出入。大部分人认为，宫女玛丽·菲顿就是作品中“黑肤夫人”的原型。玛丽·菲顿是一位美艳照人、放荡不羁的佳人，同许多风流男子及达官贵人关系暧昧，而且常常毫无顾忌地与她的情人幽会。尽管后来她被逐出王宫，但她一刻也未停止对浪漫、风流的追求。然而，“黑肤夫人”是一位有夫之妇，这一点与独身的玛丽·菲顿并不一致。

还有一些人认为，莎士比亚的妻子安娜就是“黑肤夫人”。在莎士比亚的眼中，安娜是最多情、最美丽的女子。

这位“黑肤夫人”究竟是谁呢，她是否真的存在，还是只是一个虚无缥缈的人物呢？人们无从考证，这是莎士比亚留给后人的一个未解之谜。

米洛斯的维纳斯之谜

在古希腊神话中流传着许多美丽动人的传说，其中有一个就是关于爱神维纳斯的传说。维纳斯美艳无比，她同时掌管着动植物的繁衍与人间的爱情。西方艺术家曾把她奉为女性美的形象楷模。

“断臂维纳斯”的发现

在1820年4月的一天，农民伊沃高斯带着他的儿子在爱琴海的米洛斯岛上耕地。正当他们准备铲除一丛矮灌木时，突然发现了一个大洞穴。他们好奇地走进洞穴，一座精美绝伦的半裸女性的大理石雕像出现在他们眼前。这就是“断臂维纳斯”像。法国驻希腊的代理领事路易·布莱斯得知了这个消息，便立即将这一消息报告给了法国公使利比耶尔侯爵。侯爵从伊沃高斯手中以2.5万法郎的高价买下了这座雕像，偷偷地把它装上法国军舰，运往法国。雕像现被陈列于法国巴黎著名的卢浮宫美术馆，成为卢浮宫的珍品之一。

“维纳斯”之谜

“断臂女神”的发现使人们产生了一连串的疑问。她是谁？她的制作者是谁？她的手臂究竟哪儿去了？她断臂之前的姿态又是怎样的呢？

关于“维纳斯”的作者之谜以及有关“维纳斯”名字的来源有这样的说法：在古希

腊人的神话传说中，有一个女神专司“美”和“爱”之职——阿弗洛狄忒。当这位专司“美”和“爱”的女神传到古罗马，罗马人便将她称为“维纳斯”。“断臂维纳斯”像的脸形与公元前4世纪古希腊著名雕塑家普拉克西德雷斯的作品“克尼德斯的维纳斯”的头部很相似，所以很多人断定雕像的创作者就是普拉克西德雷斯。但是，同样有相当一部分人认为，如此优美的“断臂维纳斯”应该是在公元前5世纪由古希腊更伟大的雕塑家菲迪亚斯或菲迪亚斯的学生完成的。因为作品的风格属于那个时代。直至今日，相对盛行的观点认为，这是一件公元前1世纪之前的希腊化时期的作品。同时还存在另外一种观点，认为这仅是一件复制品，是模仿公元前4世纪的某件原作的复制品，但原件已经消失了。总之，关于“断臂女神”的说法，众说纷纭。

“断臂”之谜

在发现雕像的洞穴中人们曾找到过一些手臂的残片。但究竟是否是这座雕像的残片呢？有人认为不是，有人认为是，说法不一。一些考古学家、艺术家曾经尝试着为女神像修复手臂。而对于维纳斯原有的手臂形状与姿态是什么样子，人们又各持己见。德国考古学家福尔托温古拉设想，女神的左手向前伸，小臂放在一根柱子上，并且她的手掌中握有一个金苹果，右手下垂按住已滑落在下腹的衣裙。还有一种较为流行的意见是：她左手向前伸，握着一面盾牌，右手腾空略向下垂，但是并不按住衣服。人们甚至还依照自己的猜想去修复“美神”的一双断臂。可是，安上手臂以后，总是使人感到不够自然、合理，而且也不协调，不如断臂时那么美了。到目前为止，人们喜爱的依然是这个“断了臂的女神”。“断臂”给这座雕塑笼罩了一层神秘色彩，也更增添了她的残缺美。人们发挥无穷的想象力，一直试图去解开“断臂”之谜，但也许这个谜永远都不会有答案。

神秘的圣女神像之谜

古老的印第安民族以其勤劳和智慧留下了许多不朽的杰作，大到建筑，小到艺术雕刻，都显示出印第安民族精湛的技艺。就像这尊神秘的圣女神像，在仅有8毫米的圣女神像的眼中居然包含着一幅浩大的生活画面！

惊人的发现

在墨西哥瓜德罗普大教堂的祭坛上放置着一座真人大小的女神雕像，据说，这是16世纪30年代初期印第安人的作品，至今已四百多年了。

教堂由于这座珍贵的圣女像的存在，参观者络绎不绝，在圣女像面前人们久久凝望，这座来自古代的圣女神像面容安详圣洁，令人不由得为印第安人精妙的雕刻技术所折服。

1929年的一天，一位叫阿方索的摄影师，奉命为大教堂拍一些照片。长期以来，阿方索拍摄的照片经由各种各样来此参观的人之手，分散到世界各地。瓜德罗普大教堂的名声也因此越传越远，阿方索摄影师很满意自己的摄影技术。当阿方索打开摄影机的镜头，在祭坛上寻找理想的拍摄角度时，圣女像当然是这些照片的中心，阿方索一再地调准镜头，希望把这座美丽的圣女像拍得更为迷人。

正当阿方索要按下快门的时候，突然间他看到圣女像的眼中有东西在闪烁。“圣女的眼中藏着什么呢？”阿方索很好奇，他停止了拍摄，把眼睛凑在镜头前，仔细地观看起来。

经过仔细观察，阿方索竟然在圣女像的眼中，看到了一个模糊而奇怪的人影！这人影显然是被印第安人巧妙地刻进去的，它竟一直隐藏在那里四百余年！

阿方索顾不上再拍照，急忙把这一惊人的发现告诉了主教。主教也匆匆赶来，他透过放大镜观望，果然捕捉到了这个不太清晰的人影。

这件事既很神秘也很重大，在神秘圣洁的女神像眼中竟出现了人影，主教决定不能让这件事传扬出去，免得损坏了这尊女神像纯洁圣女的名声，阿方索接受了这个建议，便将这件事一直埋藏在心底。

这样，直至 1951 年，圣女像依然安静地耸立在瓜德罗普大教堂的祭坛之上，温和而平静地凝望着前来瞻仰她的人们。若不借助放大镜细致地观察，游客们是很难发现在圣女眼中还藏有人像的秘密。

圣女像中的“人影”之谜

但是，终于有一位细心人再次看出了其中的奥秘。这是一位名叫克罗斯的画家，他经常来教堂临摹这座美丽的圣女像，对她的观察也一次比一次细腻。一天，当他将照相机的长镜头对准圣女仅有 8 毫米大的眼睛时，画家克罗斯惊讶地叫了起来，这次他清楚地看到：圣女像，像中有像，一个小人影出现在圣女的右眼中！

克罗斯并不是神职人员，因此他不需要遵守教堂的规定，于是这件事很快便被克罗斯传扬出去！一时间，圣女像便成了科学家们争相研究的对象。二十多位著名的专家在放大 40 倍的显微镜下仔细观察之后，证实了圣女像的右眼中确实存在人影，并且已经辨认出这是一个手捋胡子、头发已经斑白的印第安人半身像，人们甚至还可以看出他的神态似乎若有所思。要知道这是刻在仅有 8 毫米大的圣女像眼中的人像啊，它不仅头发、胡须俱全，人们还可以看出人物的表情，这怎能不令人拍案称奇呢！

几十年的时间过去了，人们对圣女像的研究兴趣一直没有减弱，直至 1979 年 2 月，美国纽约大学的教授约瑟首次利用他的电脑装置，把普通大小的圣女像放大了 2 700 倍，任何微小的秘密都被暴露出来了，圣女像 8 毫米的双眼被变为 2 米多大。

于是，人们有了更惊人的发现，在圣女像的眼睛中，不是一个人影，而是12个！而且左右眼都有。这些小小的人影都是印第安人，他们有的在作祈祷，有的带着孩子在玩耍，还有的手拿帽子、身穿披风，这些画面都是印第安人的生活场景。

圣女的眼中为什么会有人影？这些人影究竟代表着什么意义？他们又是怎样被刻进如此小的空间的呢？这个问题谁也答不上来。

要想解开这些历史难题还需要科学的进一步发展。

《月光奏鸣曲》得名之谜

毕生追求“自由、平等、博爱”的贝多芬是音乐史上古典乐派的集大成者，也是开浪漫派先河的伟大音乐家。他的《英雄》《命运》《月光奏鸣曲》等作品对音乐的发展影响深远，因此贝多芬有“乐圣”之称。

《月光奏鸣曲》是如何诞生的

维也纳古典乐派代表人物之一的贝多芬一生作品无数，在其作品中，《月光奏鸣曲》却有着很大的争议。人们普遍认为，闻名遐迩的《月光奏鸣曲》是贝多芬在受了月光的启发后即兴创作的。但是许多音乐史学家经过研究、考证后都认为贝多芬虽然有才华可以即兴作曲，但是这首曲却并非即兴创作而成的，而是艰苦劳动后的成果，最有力的证据便是那反复修改涂抹的手稿。这首曲子到底是在何时、何种环境下诞生的？

在这首曲子第一版扉页上有如下献词：“献给朱丽叶塔·基恰尔第。”因此有些音乐史学家便据此作出了另外一些解释。一种说法是贝多芬与其女弟子朱丽叶塔在热恋时经常在皎洁的月光下散步，受到恋人的柔情与美丽的月光的激发，贝多芬创作出这首曲子，并把它献给自己心爱的人。然而对贝多芬深有研究的著名作家罗曼·罗兰却持不同的观点，他认为《月光奏鸣曲》并不是贝多芬的热恋之作，而是失恋之作，并且其内容与月亮毫无关系。这首曲子只是把他当时内心深处的

悲愤、痛苦、绝望及对昔日恋情的留恋等感情表达出来。但有一些音乐史学家指出，这首曲子创作于1801年，此时，贝多芬与朱丽叶塔正在热恋，而朱丽叶塔在贵族家庭的压力下被迫嫁给他人的事情发生在一年多之后，因此贝多芬怎么会在热恋时就写出“失恋之作”呢？后来又有人查明：贝多芬的这首奏鸣曲原先也并不是为朱丽叶塔创作的，而是由于那首准备献给朱丽叶塔的《G大调轮回曲》不知出于何种原因被一位公爵夫人要去了，贝多芬为了兑现诺言才改送了这首新谱写的钢琴曲，因此这首曲子也未必是受到与朱丽叶塔在月光下散步的启发而创作的。

《月光奏鸣曲》的表现内容

有不少评论家和音乐家仍然坚持《月光奏鸣曲》主要是表现月光的这一观点，他们对它的描写甚至相当具体：第一乐章为“初升的月亮”；第二乐章为“明月当空照”；第三乐章为“午夜之狂飙”。德国的音乐评论家、诗人同时也是著名的《舒伯特小夜曲》词作者的雷尔斯塔布，便是持有这类观点的代表人物。他听了这首乐曲的演奏之后，充分发挥他诗人丰富的想象力，用如诗般美丽的语言把乐曲中所要表达的意境描绘了出来。

自此之后广泛流传的那些与月光有关的传说故事，以及不知哪位出版商为了增加销售量而乘机加上的“月光”这个标题，也许在某种程度上受到了雷尔斯塔布的影响。但是，仍有很多人反对这种观点，他们根据自己的感觉和理解解释乐曲：有人说它是“美丽的少女为生病的父亲的祷告”；有人说它将一幅带有圆亭的美丽风景展现在人们面前，有人则说它使狂暴的、忧郁的、悲剧性的情绪或无限的惆怅和愁思得以展现……

然而无论怎样，有一个事实是毋庸置疑的，这首钢琴曲从被创作出来的那天起，便因其感情丰富、意境深远、结构巧妙、旋律优美、指法流畅而受到演奏家和听众的广泛欢迎，而且以《月光奏鸣曲》这个名字闻名于全世界，许多人都在欣赏乐曲时对月光产生了遐想。因此，又有谁能说贝多芬创作的这首曲子肯定与月光毫无关联呢？

凡·高的《向日葵》之谜

在世界美术史上，凡·高是一位举足轻重的画家，他用自己的心灵来作画，他曾说："我的作品就是我的肉体和灵魂，为了它，我甘冒失去生命和理智的危险"。

凡·高画了几幅《向日葵》

凡·高（1853年~1890年）是一名荷兰画家，是现代印象派绘画艺术的杰出代表。《向日葵》是凡·高的代表作之一，凡·高似乎非常喜爱画向日葵，那么终其一生，他究竟画过多少幅油画《向日葵》呢？

为此有人曾专门做过统计，认为凡·高大约画过6幅《向日葵》。最初凡·高画了4幅油画《向日葵》，画面上的向日葵数目不一，其中一幅画面上仅有三朵向日葵，而另一幅画面中有5朵向日葵，剩下的两幅画面中分别有12朵和14朵向日葵。在1888年的时候他创作了那幅14朵的《向日葵》，就是这一幅画被公认为凡·高的代表作，并曾经被拍卖至3 950万美金。

享誉法国画坛的法国印象派画家高更（1848年~1903年）与凡·高相交甚密。据说，他向凡·高求画，凡·高便将画有12朵向日葵和画有14朵向日葵的画送给了他。得到这两幅画后，高更非常兴奋，爱不释手。见高更如此喜欢，凡·高便又画了两幅《向日葵》送给了高更。至此，凡·高所画的6幅《向日葵》油画作品应该已经齐全了。

这与凡·高在书信中所提到的共有6幅《向日葵》的这个数字符合。

有意思的是，虽然多家报纸转载报道了上述的说法，但这幅《向日葵》的所有者日本安田保险公司却没有任何反应。这是因为对此说法安田保险公司持有怀疑，就连一般的读者也会产生疑惑。证据不充分有两点原因：其一，并没有充分证据表明凡·高到底画过几幅《向日葵》，虽然在信中凡·高提到过“6”这个数字，但凡·高在以后会不会再画一幅《向日葵》，或者更多就不得而知了；其二，称日本安田保险公司所拥有的《向日葵》是许费纳克伪造的，证据也并不充分，仅是猜测而已。一个三流画家是否能伪造出大师的手迹让人怀疑，而凡·高的《向日葵》究竟是真是假，现在人们尚未有新的结论。

还有人提出凡·高的《向日葵》应该有4幅，因为在一般的美术史上认为，凡·高的《向日葵》是4幅：其中两幅在伦敦，一幅在慕尼黑，还有一幅在阿姆斯特丹。在这4幅《向日葵》中，有3幅是以黄色的背景衬托黄色的向日葵，只有一幅是以浅蓝色的背景衬托着亮黄的花簇。依据这些，人们认为凡·高应该只创作了4幅《向日葵》。

关于凡·高创作了几幅《向日葵》，后人还有很多说法，有说7幅的，也有说12幅的，还有说14幅的。那么凡·高究竟画了多少幅《向日葵》呢？这终究还是个谜，谜底仍有待于后人来揭开。

名人逸闻

对于历史，名人仿佛是一个时代的童话；对于人类，名人宛若自己杰出的大脑；对于世界，名人是对未来许下的郑重其事的诺言！翻开历史的扉页，触摸背后的真相。众多充满迷雾的历史事件给世人留下无限遐想，等待着人们去探究。

真实的所罗门王之谜

我们所熟悉的埃及法老，据说还有着另一个身份，那就是著名的所罗门王，他以智慧和公平闻名于世。有人说，他那流传千古的宝藏，很有可能来自于盗墓者。这种说法可信吗？

两场古代官司

在古代，曾经有两场官司发生在同一时期的同一地区，但是，它们却迥然不同：一个是名垂历史的传说；一个是毫无名声的真实事件。

传说中，两个妇人带着一个婴儿来到国王面前，都声称自己是孩子的母亲，众人难以分辨。国王想了想，说："那就把孩子劈成两半吧！"一个妇人点头答应，另一个则哭着说："我不要孩子了！"国王马上宣布："她才是真正的母亲！"

这位公平智慧的国王正是以色列的所罗门王。他一直为后世所尊

敬，就连现在英国国王的加冕典礼，都要合唱歌颂所罗门王的歌。

与此同时，以色列的近邻——古埃及王国发生了一场真实的官司。

古埃及王国分成上、下两部分，两者在联合王国的外衣下，始终明争暗斗。当时的法老定都在下埃及，在塞桑克一世执政时期，发生了一系列严重的盗墓案。上埃及历代法老的墓地总是被盗，在被称为帝王谷的地方，曾经有10个前朝王陵相继被盗，棺内的珠宝首饰等丢失，甚至连石棺都被劫掠一空。负责人在追查这件事的时候发现，有证据显示帝王谷的主管和上埃及首都的市长最有嫌疑，但令人奇怪的是，这宗案子到最后却被推到了不知名的盗贼身上。

所罗门王的宝藏

现在，许多考古学家都发现，帝王谷的盗墓活动非常猖獗，几乎所有的法老墓都被洗劫一空。但使人迷惑的是，塞桑克一世的两位直系祖先的陵墓却完好无损；更令考古学家迷惑的是很多被盗物品都在这位法老的陵墓中找到了。这难道是那些盗墓者接受了埃及法老的指示才这样做的吗？

这两场古代官司分别涉及了一位英明睿智的国王和一位特别贪财的国王。可新派考古学家拉尔夫·伊利斯却认为这两位性格差异很大的国王其实是一人——所罗门王。

在传说中，所罗门王创建了强大的国家，囤积了大量的金银珠宝，也就是“所罗门宝藏”。这些宝藏都成了千古之谜，也成为后来电影和小说中的素材。

大部分学者都认为所罗门王宝藏只是个传说。但若按拉尔夫所说，将所罗门王和埃及法老看成一个人，那么，所罗门王建立的强大而富有的国家，就变成真实的历史了。

宝藏中的金银财宝可能大多数都来自于盗墓，但是，这些宝藏很快就被盗墓者挥霍一空，剩下的一些也被侵略者抢走了。从此，宝藏消失在历史的长河中。若是“所罗门宝藏”真的存在，那它的真实来源也早已无从考证，也许只有所罗门自己才知道。

古罗马政治家苏拉退隐之谜

古罗马著名的政治家、军事家苏拉历尽千辛万苦，终于取得最高权力，可不久后，他却自动放弃了权力。他为何要执意隐退呢？是急流勇退，还是另有原因呢？千百年来，人们百思不得其解。

公元前138年，苏拉出生于古罗马的一个破落贵族家庭，他自幼喜爱文艺，善于交际。30岁之后，他的经济状况大为好转，他还在战争中机缘巧合地成为民族英雄，50岁时，他在元老院的支持下当选为执政官，后又经过与马略的两次斗争，终于建立了他的独裁统治。苏拉为了终身掌握国家的最高权力，不顾民众意见，不听元老院的劝谏，肆意破坏民主，妄图独揽军政大权，做终身执政官，最终他如愿以偿。

可是，令人不解的是，苏拉在取得终身独裁统治权的第三年却突然宣布辞职，最后竟以一个普通公民的身份到他的一座海滨别墅隐居。

至于隐退的原因，苏拉本人没有说。据说，当他决定放弃他的权力时，曾在广场上发表过一次演说。他在演说中提出，如果有人质问他的话，他愿意说明辞职的原因，可是，在那种情况下，绝不会有人敢冒着生命的危险去质问他。

人们对苏拉隐退原因的猜测

人们对苏拉隐退的原因一直猜测不已。有人说他在三年独裁统治后还政于民是明智之举；有人说他是由于改革无望而急流勇退；有人说是他在满足权力欲望后厌倦战争、权力甚至向往田园生活；更有人认为他是因为患了严重的皮肤病，无法亲理朝政而无可奈何地放弃了政权。

关于他隐退的原因，人们从各个角度进行了分析，但是也许只有他自己才知道真实原因吧，只是他的转变太过突然，任谁都始料未及，所以才引得人们纷纷猜测其退隐之谜。

君士坦丁皈依基督教之谜

君士坦丁大帝是罗马最著名的皇帝，同时也是历史上第一位信仰基督教的皇帝。他制定了许多鼓励基督教发展的政策，使基督教逐渐成为在欧洲占统治地位的宗教。那么，君士坦丁为何会信仰基督教？

基督教在罗马的兴起

基督教名列世界三大宗教之一，在发展之初曾经受到来自社会方方面面的压力及排斥，特别是罗马，这个信奉多神宗教的国家对它更为排斥。然而罗马帝国皇帝君士坦丁又为何选择皈依基督教呢？

在公元 313 年罗马皇帝君士坦丁颁布了《米兰敕令》，在罗马帝国内施行自由的宗教信仰，并且承认基督教为合法宗教，基督教才初次取得与其他宗教相同的权利。一直到公元 4 世纪末的时候，狄奥多西一世开始打击其他宗教，基督教才得以被正式确立为罗马的国教。

君士坦丁成为基督教徒的故事

长久以来，有一个故事在不断激励着基督教徒。在公元337年，君士坦丁辞世后不久，塞沙里亚主教优西比乌在《君士坦丁传》中详细描述了此事。据说，公元312年10月的某一天君士坦丁率部队逼近罗马城，欲将罗马从劲敌马克桑蒂亚斯手中夺取过来。这时，君士坦丁在夕阳照耀的天空看见一个巨大的十字架，一侧写有一行字："凭这个标记可以取得胜利。"就在那一天夜里，基督出现在君士坦丁梦中，嘱咐他举着绣有基督标记的军旗进攻，否则，将不能取胜。君士坦丁立即命令匠人打造纯金旗标，上面用宝石连缀成一个代表基督名字的图案，表明他将对基督效忠。根据一些记述，兵士的盾牌上也漆上了一个十字架。因而，君士坦丁的部队在台伯河密尔维安桥上取得了胜利，从此君士坦丁成为一个虔诚的基督徒。

人们对《君士坦丁传》中故事的质疑

后世对这一记载存在疑问：第一，为什么这项如此惊人的天象启示在皇帝死之前要秘而不宣，直到他死后才让别人知道呢？第二，一夜之间，怎能制成一面镶嵌宝石的精致旗标呢？并且一造好就被带到战场上去了。而优西比乌或是君士坦丁本人都没有清楚明确地说出基督显灵的时间和地点。如果君士坦丁已经神奇而迅速地皈依了基督教，又为什么直到去世前才接受洗礼呢？

当然，优西比乌记述的故事在各方面不一定都翔实可靠，然而，有一点是毋庸置疑的：肯定在君士坦丁大帝进入罗马城前夕发生了一件极为罕见的事。有些学者认为，君士坦丁看到的幻象可能是由气象学家所说的日晕现象引起。大气层上层的冰晶体在太阳光的照射下形成光环，这些光环相互连接，就形成了某些观察者所看到的十字架形状。也许这可以解释君士坦丁大帝所看到的幻象，然而随后的梦境便无法进行解释了。不管怎样，自那场战争以后，在这个旗标下君士坦丁大帝率领的军队所向披靡，战无不胜。

基督教战前显灵，助君士坦丁一臂之力，使其最终得以修成正果。这一故事娓娓道来，似真有其事，但无论怎样，这毕竟也只是传闻而已。至今，君士坦丁为何皈依基督教仍然是个谜。

诺贝尔奖设立之谜

诺贝尔奖是许多人心目中至高的荣誉。而这个奖项的建立却一波三折。为何一生谨慎的诺贝尔却留下一个有诸多漏洞的遗嘱，奖项的背后又有多少不为人知的秘密……

奇特的遗嘱

众所周知，诺贝尔奖是世界上非常知名的奖项，它专为科学、文学与和平事业而设。要得到这一奖项非常不容易，得奖也是对一个人在某个领域所作贡献巨大的肯定。但是又有多少人知道诺贝尔奖的来历呢？

据资料记载，诺贝尔一生曾立过三次遗嘱，现在有据可查的是后两次。他的第二份遗嘱写于 1893 年 3 月 14 日，其主要内容是，他死后的大部分遗产要作为奖金，专门奖励那些杰出的科学家、文学家与和平事业的贡献者们。同时，遗嘱中还规定：遗产的另一部分（20%）由其亲友 22 人继承。第三份遗嘱写于 1895 年 11 月 27 日夜晚。他在这份遗嘱中明确提出：要将价值 3 300 多万克朗（合 200 多万英镑）的财产作为基金，将其每年的利息分为 5 份，以奖金的形式分别授予当年在物理学、化学、生理学或医学、文学及和平事业中为人类作出卓越贡献的人士，不论性别。这份遗嘱显然否定了上一个遗嘱，并取而代之，也就意味着其亲友们将无权继承他的

财产。另外，他还专门指定了两个遗嘱执行人，即瑞典企业家鲁道夫·里尔雅克斯特和拉各纳·索尔曼。诺贝尔为什么没有将财产留给亲友呢？人们一直猜测不已。

一波三折的诺贝尔奖

诺贝尔的第三份遗嘱在诺贝尔死后发表，并立即受到来自其亲属和瑞典社会各方面的质疑和指责。诺贝尔的亲属们散居在俄国、瑞典、法国等地，他们听到此消息后立即联合起来，想要否定这份遗嘱的合法性，以分得数目庞大的财产。一些瑞典爱国人士甚至公开出面，批评这份遗嘱忽略了瑞典的利益，没有体现瑞典人民的爱国主义。同时，遗嘱本身也并不严密，它没有确定诺贝尔到底是哪国公民，这就为以后由哪国判定其遗嘱合法性带来很大难度。后来，当遗嘱执行人在与评奖单位协商未来基金会的法规细则时，又遭到瑞典科学院的抵制，从而再次引发了遗嘱合法性之争。最终双方达成协议：诺贝尔的亲属将收购并继续经营巴库的石油企业；他们还将得到遗产在1897年的全年利息。

诺贝尔奖背后的故事众说纷纭。因为金钱上的纠纷，使得诺贝尔遗嘱几次都无法顺利进行，不过幸运的是，诺贝尔奖最终还是得以设立，诺贝尔的人文精神也在世代相传。

加加林死因之谜

宇航员阿列克赛耶维奇·加加林是世界的骄傲，他成功地飞上太空，让人类从此认识到地球以外的世界。但是，这位勇登太空的英雄却死于一次普通的飞行训练，这其中是否隐藏着不为人知的秘密呢？

1968年3月初，加加林开始了他新的单飞训练，按计划，从3月13日到5月22日，他将乘米格-15歼击教练机飞行18次，总共历时7个多小时。

悲剧发生于瞬间

1968年3月27日，加加林计划绕圈飞行两次，每次需飞行30分钟。9点15分，他和副驾驶员谢烈金开始了飞行前的准备工作，飞行准备工作完全按照当时技术条件下的操作规程的要求进行。

经过仔细的检查工作后，他们在飞机准备程序簿上签了字。而后，加加林和谢烈金进入驾驶舱。10点19分时，飞机正式起飞。

刚开始，飞行进行得很顺利，飞机飞行得很平稳。到了10点30分，加加林请示地面指挥塔，准许他们取航向320°返航，指挥塔台批准了他们的请示。

于是，加加林准备从70°航向向320°航向下降转变。当飞机飞出低层云时，飞行倾斜角已达到

70°~90°，几乎就是垂直俯冲下坠，而且离地面只有250米~300米。两位飞行员紧密配合，想把飞机从俯冲状态中挣脱，但是没有成功，飞机一直在下坠。10点31分，无线电通讯中断，可怕的事故发生了。

人们对飞机坠毁的原因猜测不已

飞机坠毁后，现场立即被封锁起来，相关人员匆忙赶到，进行拍照测量，并搜集飞机残骸，用于事后研究。政府还特别成立科技鉴定专家小组来调查这起事故。

对这一事故，政府和各界人士都非常重视。人们也是非常震惊，拥有丰富飞行经验的加加林怎么会死于这样一场普通的飞行训练呢？人们似乎还能想象出他在宇宙飞船中自由自在的样子。随着调查的深入，人们的疑惑也越来越多。根据调查显示，飞行员训练、组织、飞行安全和飞行准备完全是严格按照要求进行的；飞机上的设备没有受到任何毁坏，也没有出现什么故障；飞机没有发生起火，也没有发生爆炸，防火系统在飞行时没有使用；飞机上的电路畅通，氧气系统完好无损；发动机在与地面相撞时仍在工作；飞机上没有发现任何零件和结构元件陈旧磨损的痕迹。在当时，米格-15歼击教练机的性能首屈一指，而且在技术装备上也是十分先进的。

然而，究竟是什么原因导致了这次令人痛心的事故呢？人为的可能可以排除吗？

对此医学专家专门进行了详细的分析与研究，结果证实：加加林在死前并没有出现中毒、催眠等现象，在死前一分钟他仍然处于完全清醒的状态。

这次事故因为时间的流逝而成为了谜案，但愿我们还能够找到更多资料来解开当年的谜。

诗人荷马之谜

《荷马史诗》是一座文化宝库，考古学家以它为线索寻找遗址，电影人以它为素材创作影片。但是它到底是一个人的作品，还是一个团队的创作？千百年来人们对此一直争论不已。

荷马的真实身份

荷马是古代希腊的游吟诗人。相传，开创西方文学先河的两部伟大史诗《伊利亚特》和《奥德赛》都为同一人所作。这两部作品以其独特的文学价值，为世人所称道，至今，它仍然具有不朽的魅力。这两部史诗的作者相传为公元前8世纪的荷马。现代研究表明：这只是古希腊人的说法，这两部巨著的作者，可能另有其人，而且两部史诗是否由同一个诗人独立完成，至今仍不能确定；关于荷马的真实身份，究竟是一个单独诗人还是一个团体至今也没有明确答案。公元前7世纪（或公元前6世纪）留下来的一首古诗曾经有过这样的记载："（荷马是）住在契奥斯岛的一个盲人。"可是这种说法至今无法考证，所以近3 000年来，荷马的真实身份一直受到文学界的怀疑。

关于荷马的生平事迹，只有这两部史诗可以引以为据，但这其中的线索也少得可怜。但有一点是可以确定的，荷马是古希腊时期在公众场合表演吟诵诗歌的人，即古希腊人所称的"吟唱诗人"。在荷马时代之前，希腊人是不会使用文字的，因此人们才能肯定荷马是"吟唱诗人"。在公元前8世纪中叶，地中海东部的腓尼基人教授希腊人学习字母之前，希腊人根本不会书写记载。荷马时代之前，人们都是以口头的形式传播故事，并将其译成歌谣，方便“吟唱诗人”记诵。更有些吟唱者可以当场即兴发挥，每一次都有新的演绎。每个吟唱者把一首诗歌以自己的方式进行修改，日积月累，一首诗就有了各种发展。《伊利亚特》和《奥德赛》这两部史诗最终写成时，肯定是历经润色增补的最后定稿。

《伊利亚特》与《奥德赛》并非荷马一人所作吗

仔细阅读《荷马史诗》中的一些部分，可以看出，有些是很短的诗句，并且诗中描述的事件，有些发生年代要早于其他部分，这就说明这两部史诗历时很长，是共同传诵记录的结晶。

因此，专家经过推测得出的结论是：就在希腊人从腓尼基人那里学会字母，知道如何书写时，一个天赋极高的吟唱诗人出现了，他汇集了大量累积下来的口传诗歌，把它们整理成两部具有丰富内涵的史诗，并用文字记录下来。

关于史诗的创作，一直就有很多种说法，并且还不断涌现新的观点，有些人认为荷马早期创作的史诗篇幅都比较短小，经历代传诵，才成为今天宏大的巨著。当然，这离不开历代传诵者的加工。对这两部史诗的起源和写作过程作这样的假想，应该是极为妥当的。但又有疑问随即产生了，因为除了《伊利亚特》的某些用语似乎比《奥德赛》时代较早之外，这两部史诗的语调与主题的差异也很大。比如，《伊利亚特》描写的主要是发生在几日内的事，并且对战争、军功极为强调；《奥德赛》所述事迹则长达 10 年之久，同时专写幻想和神仙魔鬼，而且《奥德赛》很少有关于战争残酷的描写，所以 19 世纪英国小说家巴特勒得出了其作者不是男人而是女人的观点。

无论如何，这两部史诗在写成之后，并非一成不变，而以后的吟唱诗人又在已写下的史诗上作了新的补充及润色。尽管在这两部史诗的手抄本之前没有比公元前 3 世纪更早的版本了，但从两部史诗相似的风格看来，在某

一个历史时期一定有一个比较统一的力量贯穿这两部史诗，然而，使这两部史诗这么相似的原因究竟何在呢？为什么找不到任何记载？也许这些疑问还将长期困扰着文学界。荷马是否参与了这两部史诗的创作或者这两部作品就是他一人所为呢？有许多关于史诗的疑问期待着后人来解答。

文豪莎士比亚的身世之谜

莎士比亚被后人公认为人文主义文学的集大成者，并有“时代的灵魂”之美誉。他的作品有着一种深厚的文化底蕴。但是这样伟大的文豪，其身份却一直是文坛的一个谜。

贵族德维尔是真正的莎士比亚

威廉·莎士比亚是欧洲文艺复兴时期英国最伟大的剧作家和诗人，爱德华·德维尔是伊丽莎白一世统治时期的一名贵族。这两个人之间本来毫无关联。但是，一个文学组织却将德维尔这位贵族认定为真正的莎士比亚。消息一传开，世人都颇为震惊。

美国的一个名为“德维尔学会”的文学组织宣称，爱德华·德维尔伯爵才是被官方认定的莎士比亚37部戏剧作品的真正作者。“他是最适合这种工作的人，”德维尔学会秘书理查德·马利姆说，“他（德维尔）受过（相应的）教育，并有（相关）旅行经历，而平民莎士比亚并没有（这些背景）。”

几百年来世人一直对莎士比亚的作品存有怀疑，认为他的平民经历与他作品中描写的宫廷生活、上流社会生活以及其他国家的风土人情并不相符。因此，不断有人被提名为“真正的莎士比亚”，其中包括剧作家弗朗西斯·培根和诗人克里斯托夫·马洛。一个文学组织甚至说莎士比亚的真实身份是一名女性，名叫玛丽·悉尼。这个文学组织说：

"如果你坚持认为埃文河畔斯特拉特福的威廉·莎士比亚是作家，你就扭曲了整个文学历史。"

德维尔是牛津十七世伯爵，比莎士比亚年长15岁，1550年出生于赫丁厄姆堡。德维尔曾在牛津和剑桥大学求学，并在欧洲大部分地区旅行过。而莎士比亚则出生于沃里克郡斯特拉特福镇的一个平民家庭，生日是1564年4月23日。由于13岁时家道中落，莎士比亚不得不辍学经商，因此在斯特拉特福语法学校的学习经历就成了莎士比亚所受过的最高正式教育。莎士比亚于1586年左右前往伦敦。德维尔学会说，当时的莎士比亚身无分文，碰巧遇到了贵族德维尔，便幸运地充当了这位贵族的替身，为其讽刺作品和表演作掩护。

莎士比亚的本来面目

然而，莎士比亚出生地的基金会对德维尔学会的观点持完全否认的态度。基金会主席韦尔斯说："他（莎士比亚）那个时代有足够证据证明，莎士比亚是一位很被看重的作家，尤其是剧作家。"

韦尔斯还反驳德维尔学会关于莎士比亚充当了德维尔的"掩护"的观点。他说，在莎士比亚时代"充满流言蜚语的戏院"里，这种欺骗手段根本不可能成功。而且，德维尔作为一个大忙人，却能"在各种各样的活动间隙写出如此多的杰作，这很荒谬"。

所有以上的猜测也仅仅只是猜测罢了，相信随着历史的前进，人们终会还原莎士比亚的本来面目。

诗人拜伦选择长期漂泊之谜

浪漫主义诗人拜伦出身于一个没落的贵族家庭，他热爱自由，并为此奋斗一生。他的作品中充满了斗争的精神，塑造了一系列反抗社会压迫的叛逆者——“拜伦式英雄”。

深恋故土的诗人为何流浪异乡

英国著名诗人拜伦声名远扬，对欧美诗坛有着很深的影响。拜伦是一个爱国诗人，曾有“英国哟！我爱你，尽管你有那么多缺陷”的感慨。然而就是这位深深眷恋自己祖国的诗人却在1816年离开了祖国远走他乡，而且再也没有回去过。他为什么执意要离开他深爱的故土呢？史学界和文学界一直在研究这一问题。

关于拜伦长期漂泊的众多说法

按照英国史学家麦考莱的看法，拜伦的出走是由于英国上流社会的排挤。1815年1月，拜伦与宪尔班克小姐结婚。但一年后，这桩仓促的婚姻却以妻子的离家分居而宣告结束。消息很快传开，一夜之间，拜伦发现自己已身败名裂。那个时代，中产阶级将婚姻制度看得极为神圣，他们一同指责拜伦，说他残酷无情，而上流社会的沙龙也不再接纳他。这同其作品《恰尔德·哈洛尔德游记》刚出版时的情形相比真是天壤之别。拜伦感到莫名其妙，他不堪忍受这种巨大的压力，最终不得不远走他乡。

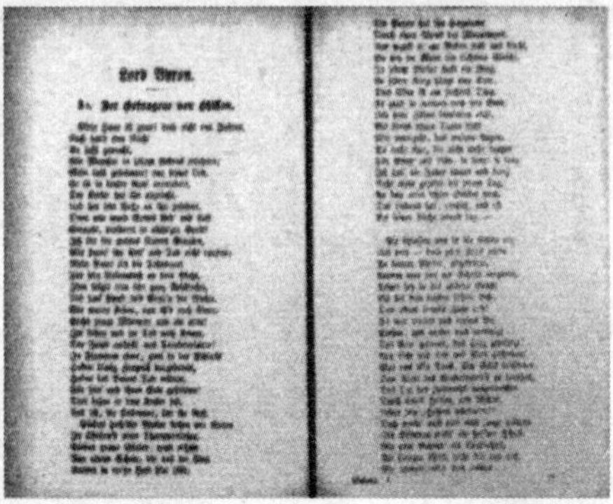

另一种说法认为拜伦的政治思想不被英国统治阶级认同。许

多人写过关于拜伦的传记，但是他们都避开了拜伦与英国统治阶级存在矛盾这一问题。然而实际上，英国统治阶级恨透了他在议会上的大胆演说，以及他诗歌的字里行间所表现出的政治及宗教方面的自由思想。于是他们在诗人私生活方面制造了种种“丑闻”，挑拨他妻子同他离异，唆使社会舆论谩骂拜伦是叛徒、国王的诽谤者、道德的破坏者、拿破仑的颂扬者等等，这使诗人在社会上处处受到责难和毁誉。对此，拜伦认为：“如果那些低语、私议和传言是真的，我对英国是不合适的。”因此，尽管看来好像是拜伦受不了迫害而离开英国，但是换成“他是被英国统治阶级逐出自己的祖国的”这一说法，也许更为贴切。

还有一种说法是家庭变故。拜伦的声誉终因婚姻的破裂而一落千丈，使他成为众矢之的，心灵遭受了巨大的打击，他被迫流浪异乡，到异国他乡去追寻自己真正的生活。

关于他离开祖国的原因一直未有定论，但上述的说法都有其合情合理的一面。也许在不久的将来，专家学者会找到他毅然离国的真正原因，人们也期望那一天的早日到来。

裴多菲死亡之谜

曾经有一首名为《自由与爱情》的诗在中国广为流传，诗句为“生命诚可贵，爱情价更高。若为自由故，二者皆可抛。”而这首诗的作者裴多菲就是一个为“自由故”的革命者。

尸骨下落不明

裴多菲是19世纪匈牙利的伟大诗人和革命者。1849年7月，他在反抗俄奥联军的战争中不幸牺牲。不过也有人否认这种说法。因此，关于裴多菲的下落，一直是历史上的一个谜团。

1989年，一个名叫莫尔毛伊·费伦茨的企业家自愿出巨资，组建了一支由匈牙利、苏联和美国专家共同组成的国际考察队，前往西伯利亚寻找裴多菲尸骨的下落。

考察队在莫斯科还碰巧遇到了一位名叫维若基尔的老人，他对队员们说起他10岁时，他的祖父曾对他说起过村里的一座墓地的来历，祖父说：“这里埋着一位名叫彼得罗维奇（裴多菲，原名彼得罗维奇·亚历山大，后改称裴多菲·山道尔）的外国革命者，是个诗人。”

裴多菲遗骸的真假

考察队邀请老人随他们一起回到老人的家乡巴尔古津诺村。在当地政府的许可下，他们相继挖开了21座坟墓，但是并没有发现裴多菲尸骨的下落。

1989年7月17日，在挖出又一座墓中的头骨时，匈牙利的基塞伊教授一眼就断定它可能是裴多菲的遗骸。

从保存下来的裴多菲的照片、服装以及各种文字记载来看，这具尸骨完全反映了诗人生前的体征。从挖掘出的遗骸上可以看到，他死时嘴巴张得很大，而且埋葬时只有衣服裹尸，未被装入棺木。专家们判断，他可能死于他杀或者血液中毒。

但是，这具尸体真是裴多菲的遗骨吗？虽然专家们考证后一致认为是，但是仅凭一具辨不出模样的尸骨来下结论，似乎并不足信。但愿人们能早日揭开裴多菲死亡的真相。

安徒生的身世之谜

安徒生的童话给许多人的童年带来了无限的欢乐与幻想。而这位文学大师的身世也如他的作品一样神秘。他真的出身王室吗？是人们美好的愿望还是事实的确如此呢？

安徒生出生于贫苦家庭说

丹麦著名童话作家安徒生的童话故事伴随着一代又一代的孩子度过了纯真而快乐的童年。关于安徒生的真实身份，人们也有许多猜想，尤其是有传闻说他本身就是位王子，那么这到底是真是假呢？先来看关于安徒生的普遍描述：1805年4月2日，这位伟大的童话故事作家出生在丹麦富恩岛上的欧登赛城中的一间又矮又破的房子里。他的父亲是一位整日为生活而忙碌的鞋匠，他的母亲则是一个非常善良的洗衣妇。贫穷的童年生活使安徒生走上了文学创作的道路。1835年他的第一本童话故事集出版。安徒生自己的童年虽贫穷但却幸福而快乐，所以，他认为那些贫苦的孩子也应该拥有享受幸福快乐的权利，这些童话书正好能使他们的童年充满欢乐。每年圣诞节时，安徒生都会出版一本童话书，当作礼物送给孩子们，这些童话至今仍口口相传。例如《丑小鸭》《夜莺》《皇帝的新装》《卖火柴的小女孩》《海的女儿》等。持续写作将近40年，发表一百六十多篇作品的安徒生是丹麦人民的骄傲。

安徒生真的是落难王子吗

丹麦人并不满意普通传记对安徒生的介绍，在《安徒生—— 一个真正的

童话》一书中，历史学家延斯·纪根森提出了这样一个观点：安徒生的真实身份乃是丹麦国王克里斯蒂安八世和一个名叫劳尔维格的伯爵夫人所生的私生子。在他出生后，王室把他安置在了安徒生父亲——这个欧登赛鞋匠的家中。安徒生如果真是一个身份低微的鞋匠的儿子，和皇室没有关联，他怎么能进入上流社会，出入皇家剧院，还在阿马林堡里居住过一段时间呢？丹麦作家皮特·赫固也有类似看法，他提出了另一种根据：一位海军上将的女儿曾提到，安徒生也曾发出自己是王子的慨叹。

安徒生自己有本自传叫《我一生中的童话》，在书中，他并没有提及自己是王子，也没有任何自己是王子的暗示。有的学者还找到了多年前教会户口登记册的复印件，登记册上记录了 1805 年 4 月 2 日凌晨 1 时，鞋匠汉斯·安徒生与其妻子安娜喜得贵子，并且记录了安徒生是在 4 月 16 日那天接受洗礼的。

丹麦著名历史学家塔格·卡尔斯泰德为了解开安徒生出生之谜，翻阅了大量有关那时国王克里斯蒂安八世的档案，他发现，在那个时代，王公贵族之间偷情的现象确实存在，生下私生子也实属可能。国王会对这类问题以一封信和一笔钱打发了事。

安徒生是否是落难的王子也许并不重要，人们只不过是想要对这位作家了解得更多一些罢了，人们最为关注的，仍是这位文学家带给每个人童年的无尽欢乐和幸福回忆。安徒生这个名字已经成了美好童年的象征。

普希金死亡之谜

普希金在文坛上的地位非常高，后人对他的赞誉很多。他被称为19世纪俄罗斯伟大的民族诗人，俄国浪漫主义文学的主要代表和俄国批判现实主义文学的奠基人。这样一位伟大的诗人却离奇地英年早逝。

为爱而战的普希金

1837年2月，俄国著名诗人普希金在与情敌丹特斯的决斗中身亡，俄国文坛从此陨落了一颗巨星。人们为这位英年早逝的诗人而哀痛，纷纷缅怀他，但同时，人们也为他的死感到疑惑，于是各种猜测纷纷出现。

年轻的普希金风流倜傥，才华横溢，与莫斯科的绝色佳人冈察洛娃相遇后，二人便一见钟情，共同坠入爱河，不久之后便结为夫妻。

然而几年后，不幸的事情发生了。一次舞会上，冈察洛娃与沙皇禁卫军军官、法国的纨绔子弟乔治·丹特斯相识。丹特斯立即展开对冈察洛娃的追求。普希金得知后，又羞又愤，觉得自己的名誉与尊严被践踏

了。为了挽回声誉，他要与丹特斯决斗。可是，在决斗现场，丹特斯趁普希金尚未准备好之际就先开了枪，普希金被伤到了要害，不久，他就因伤势过重而不治身亡。

普希金是否真的死于一场阴谋

俄罗斯人为诗人的悲惨命运而流泪，人们要求惩治凶手。但普希金难道真的是死于情场上的一场决斗吗？

有关专家经过对史料的分析研究后，得出这样一个结论：普希金并不是偶然中枪身亡，这一切都是一场阴谋。

原来沙皇尼古拉一世在此之前，就已经觊觎普希金妻子冈察洛娃的美色。丹特斯受沙皇指使，在各种公开场合引诱冈察洛娃并蓄意要把普希金惹怒，激他与之决斗，然后趁此机会杀掉他。

但是以上种种仅是猜测，关于普希金死亡的幕后真相，世人无法得知，他在事业的辉煌之时却意外离世，这不能不说是全世界的遗憾。只希望能早日破解他死亡的谜团，还原历史的真实面目。

托尔斯泰晚年离家出走之谜

1910年冬天的一个早晨，在梁赞至乌拉尔铁路沿线的阿斯塔波沃车站里，有人在候车室的椅子上发现一位病重去世的老人。经过调查，人们惊讶地发现，这位老人原来就是大名鼎鼎的列夫·托尔斯泰。

晚年的托尔斯泰在思想上的巨大转变

列夫·托尔斯泰是俄国著名的大文豪，其一生创作颇丰，影响深远，在文学界有着举足轻重的地位。然而，这位享誉世界的作家在晚年却做了一件让世人皆惊的事——离家出走。要想探究他离家出走的真正原因，还要仔细研究他晚年的思想变化，这一点至关重要。

晚年的托尔斯泰笃信宗教，而且宗教观、社会价值观都发生了很大的变化。73岁时，托尔斯泰回到了故乡雅斯纳雅·波良纳庄园。

托尔斯泰积极改变自己的生活方式，甚至开始折磨自己，想要以此来减轻内心的负疚感。他不再出席各种聚会，开始厌恶人情世故。反而穿戴得如同农民一样，与他们一同在田里劳作。后来他更是遣散了他手下的农民，并且将田地分给他们。对于著作的版权，他也无偿地捐给

社会。

托尔斯泰不顾妻子反对，公开发表声明：从 1881 年以后他完成的任何作品，可以由任何人免费出版。

重压之下选择离家出走

生活在这样一个等级分明的社会，托尔斯泰的亲人、朋友都不能理解他的举动，包括他的社会价值观、宗教观。

正在托尔斯泰受到了孤立与打击之时，切尔特科夫出现了。他用花言巧语取得了托尔斯泰的信任，并在老人生命的最后 9 年里，在老人的众多家人、随从者中获得了最为特殊的地位。

但是，这个人用心险恶，他真正的意图是想要获取托尔斯泰作品的继承权。朋友们都看出来切尔特科夫居心叵测，只是没人敢直面托尔斯泰，告诉他实情。

妻子索菲亚也感到了切尔特科夫对她地位的巨大威胁，她对此非常痛苦，脾气也越来越坏，甚至把怒气全都撒在了托尔斯泰的身上。

1910 年 8 月 30 日晚，他们又发生了激烈的争吵，索菲亚甚至冲动地说她并不是痛恨切尔特科夫，而是不能原谅托尔斯泰。对于妻子的愤怒与谴责，托尔斯泰采取的是宽容谅解的态度。在他人生的最后岁月里，他活得并不快乐，反而被种种责难包围。他忍受不了这种责难充斥他最后的岁月，于是选择了离家出走。

1910年10月28日早晨5点左右，托尔斯泰就带着私人医生离开了波良纳。在火车上，他病倒了，不停地咳嗽，并开始发高烧。他们在阿斯塔波沃车站下了车，7天后他就病逝在这个荒凉的小站里。

很多专家和学者都曾专门研究过托尔斯泰离家出走一事。究其原因，普遍认为是多种因素的累积才使他作出了离家的决定。但是托尔斯泰为何选择这个时候离开，他为何在病重时仍不愿回家？这一直是一个谜。

莫扎特死因之谜

莫扎特是一位创作了无数传世名曲的音乐大师。这位音乐神童的一生却如流星般绚丽而短暂。而他短暂的一生里却充满许多神秘，长久以来，人们一直对他的死因猜测不已。

音乐大师死于感染吗

奥地利音乐大师莫扎特于 1791 年 12 月 5 日死于维也纳，时年 35 岁。200 多年来，始终没查出他死于何病，这位音乐天才的死因一直是西方医学界的一个难解之谜。

不久前，美国医学专家简·赫希曼公布了他的研究成果，他认为莫扎特是死于旋毛虫感染。赫希曼依据莫扎特在 1791 年 10 月 7 日给夫人的一封信中的几句话“我嗅到什么？猪排！那是何等美味”得出了上述结论。

赫希曼称这种猪排受到了旋毛虫的污染，当时曾有很多人因此患上了这种旋毛虫病。旋毛虫病的潜伏期可长达 50 天，而且会伴有全身发痒的症状。莫扎特的病情记录中也有类似症状，所以说他死于旋毛虫病是有其合理性的。

然而，德国著名毒物理学家莱因哈德·卢德维希教授却对上述结论深表怀疑。卢德维希却将这一结论称作是“迄今为止众多有关莫扎特死因猜测中最可笑的一种”。这位国际知名医学专家、德国莱比锡大学临床药理学研究所的创建人认为，赫希曼所提出的支持其结论的依据“实在太牵强了”。

真实死因无据可查

数十年来，卢德维希因一直从事对莫扎特死因的研究而享誉世界。他说，专家学者们都是从同样的原始资料出发来推测莫扎特的死因的，但结论却花样百出。

这主要是因为：“原始文件不完整，有些甚至是虚假的，有的内容还相互矛盾。”此外，他补充说，还有一个重要因素使得专家学者们对其死因的意见不统一，“我们没有对莫扎特进行过尸检，而且现在也不可能这样做，因为我们不知道莫扎特骨骸的下落。”

如今，尸检已作为最重要的死因依据用于现代医学和解剖学中。2003 年，美国科学家正是通过对贝多芬头发进行检测，发现其中铅的含量超出人体可承受标准数百倍，从而推测，贝多芬很可能是由于经常饮用含有铅毒的葡萄酒，最后因铅中毒而死亡的。但是如今的科学家们手里一点关于莫扎特的资料也没有，哪怕只是莫扎特的一根头发。

卢德维希教授指出，莫扎特在孩提时代就经常吃药，去世前几个月他更是“不断地看病吃药”，但到底“他患了什么病”，却没人知道。

据人们目前掌握的材料来看，莫扎特的死因仍不能有一个明确统一的答案。我们一起期待谜底被揭开的那一天吧。

贝多芬猝死之谜

"乐圣"贝多芬不幸的遭遇令人们同情，而这位乐坛斗士与命运抗争的精神更赢得了世人的尊敬。一直以来，人们都纷纷猜测到底是什么原因使这位音乐大师突然离世。

音乐巨星的陨落

天才似乎总要受到更多的磨难，堪称世界音乐史上最伟大的音乐家贝多芬便是这样。他一生与病痛为伴，饱受折磨，尤其是双耳失聪几乎断送了他的音乐前程。他的精神支柱也因此坍塌了，他甚至曾一度绝望得企图自杀。最终，这颗音乐巨星于 1827 年 3 月 26 日下午 5 时 30 分陨落，给世人留下众多谜团。

谜一样的死因

关于这位音乐家的死因，人们普遍认为他是因为酗酒过多而引起肝病致死的。他在 55 岁时就被检查出患有很严重的肝病。但是英国尤维尔区医院风湿科顾问医师帕尔福曼对这种看法提出了异议。他认为折磨这位作曲家的许多病痛都是由一种少见的风湿病引起的，这种少见的风湿病会使患者身体的每个器官都发炎，并逐渐侵袭全身。这种病痛剧烈难忍，所以音乐家可能受不住痛苦而自杀了。如果他有幸生活在现代，用类固醇来治疗或者直接给他移

植肝脏，或许他还能多活很多年，这样《第十交响曲》也就有可能问世了。

法国著名作家阿尔方斯·卡尔在他的《在椴树下》一书中为贝多芬之死的原因和具体情况提供了新的线索。他写道：作曲家死前不久的一天，他的侄子来信说自己在维也纳被牵连进一桩麻烦的事件中，只有伯父出面才可以帮他脱离困境。一接到信，贝多芬马上就步行上路了。夜晚，他投宿在一个农民家里。半夜时分他浑身发烫，疼痛难忍。他被折磨得无法入睡，只好起身光着脚在田野里踱步。夜晚的寒冷侵袭着他的身体，以至于他回来时全身已经发颤了。农家主人从维也纳请来一位医生为其诊治。最后医生确诊贝多芬患了肺积水，并且认为他的生命维持不了多长时间了。德国著名钢琴演奏家和作曲家胡梅尔得知这一消息后赶来探望他，但贝多芬已经不能言语了，只是感激地凝望着朋友。胡梅尔通过听音筒向贝多芬表达他的悲伤之情。贝多芬从听音筒依稀听见朋友的几句大声地喊叫之后，顿觉畅然，他两眼熠熠生辉，对老朋友说："胡梅尔，我果真是个天才吗？"说完后，他张大嘴，两眼直勾勾地看着胡梅尔，溘然长逝。

另外，还有一些研究专家试图从贝多芬的家庭关系上来揭开作曲家的死亡之谜。他们认为，贝多芬过早地离开人世，主要是由他的侄子卡尔造成的。卡尔长期烦扰贝多芬，这不仅对他的身体，更对他的精神造成了极大的损害。他的侄子在别人面前称呼贝多芬为"老傻瓜"，只要贝多芬对他稍加严厉，言语过重，这个无赖就会用自杀来威胁。但是尽管如此，贝多芬对他慈父般的爱还是有增无减，并且一再容忍他。1826年12月1日，卡尔不顾贝多芬的劝阻，硬要去军队服役，贝多芬只好送他上路。旅途中，贝多芬感染了风寒，自此一病不起。他回到维也纳时，生命已即将走到尽头。但是毫无良心的卡尔在听到伯父病危的消息后，不仅毫无反应，反而沉浸于自己的享乐中。贝多芬的病情不断加重：先是肺炎，然后是肝硬化，最后引起全身水肿……

新证据、新说法

2003年，美国科学家对贝多芬的头发进行了检测，发现其中铅的含量超出人体正常标准数百倍，科学家因而怀疑贝多芬可能是死于铅中毒。

事实上，贝多芬的真正死因或许已经并不重要了。许多喜爱其作品的人们以探究他死因的方式来更好地表达对他的追忆。

柴可夫斯基死因之谜

柴可夫斯基的身边似乎从来不乏戏剧性。他凭借伟大的音乐作品赢得了国际声誉，却在人气急升的时候突然辞世。是天妒英才还是其自杀身亡？而《第六交响乐》又为他的死增添了一丝神秘。

《第六交响乐》与大师之死

俄国著名音乐大师柴可夫斯基于1893年11月6日凌晨，突然结束了他辉煌的一生。这一年是音乐家的个人声誉急剧提高、事业蒸蒸日上的时期。他的溘然长逝使人们对他的神秘死亡充满了好奇。

1893年11月18日，柴可夫斯基创作的《第六交响乐》第二次公演，取得了巨大的成功。人们被音乐中流露出的悲伤气氛所感动，仿佛从音乐中可以感觉到他死亡的预兆，也因此更加深了对柴可夫斯基内心世界的关注。《第六交响乐》似乎成了柴可夫斯基“自杀”的“预言”。

因此，柴可夫斯基的“自杀”，也被传为奇闻。他创作《第六交响乐》，原意是想献给自己的外甥费拉奇米尔·达维多夫的。然而，命运却这样捉弄了他，这支交响乐同他自己的死亡联系在一起，显得更加神秘。后来，有人发现一份相传为柴可夫斯基写的“秘密标题”的草稿，上面有这样一句话：这支交响乐的最终本质是生活。第一部分——全是冲动的热情、信心和渴望活动，必须短（终曲：死亡——崩溃的结果）；第二部分——爱；第三部分——失望；第四部分——以死亡为终结（也要短）。所以，人们认为，柴可夫斯基是自杀的，这支交响乐就是最好的证明。

但是，另有一些人认为，虽然柴可夫斯基确实试图自杀，而且他的《第六交响乐》的主题也是悲剧性的，然而《第六交响乐》却绝不是作者为自己“自杀”所写的“挽歌”。因为，1893 年这一年，是作者获得极高荣誉的一年，人们不相信他会在此时选择自杀。5 月 29 日，他到伦敦参加英国剑桥大学音乐社成立 50 周年纪念大庆。皇家爱乐音乐会于 6 月 1 日又演奏了他的《第四交响乐》，使他获得了国际声誉。6 月 13 日，英国剑桥大学授予他音乐名誉教授称号。正是由于这份喜悦才使他创作出《第六交响乐》，因此不可能日后又选择自杀。

疾病说

事实上，柴可夫斯基应该是死于急病。11 月 1 日傍晚，他与朋友共进晚餐，并酗酒直至凌晨 2 时。第二日早晨，他开始失眠，吃不下东西。午后，他喝了一杯生水，就再也没有好转的迹象，最终于 11 月 6 日不幸逝世。根据彼得堡的优秀医生——勃廷逊兄弟的诊断，柴可夫斯基确实是死于霍乱。

当然，声名显赫的柴可夫斯基是自杀，还是因为疾病而死，现在我们都无从得知了。后人也只能用哀思来表达对这位大师的怀念之情。

凡·高开枪自杀之谜

1890年6月29日，现代印象派画家凡·高自杀了。自此，美丽的《向日葵》成了人间绝唱。就这样，世间少了一个艺术天才，却多了一桩离奇悬案……

早逝天才

现代印象派绘画艺术的杰出代表——凡·高，具有非凡的艺术才能，他的绘画作品在他死后才被世人视为珍品，他也由此享誉全球。然而凡·高命途多舛，贫困、疾病、饥饿以及怀才不遇使得他的境遇十分凄惨。最终，在1890年6月29日他开枪自杀，因伤重不治而亡，年仅36岁。

如今，欣赏印象派绘画的人越来越多，人们对凡·高也倍加关注起来。但是，关于凡·高因何而自杀却存在着多种异议，是什么让他精神失控，做出极端行为？他的内心世界又是怎样的呢？

对这个问题的探讨早已在文化界、艺术界乃至化学界、医学界的专家和学者们中激烈地展开了。

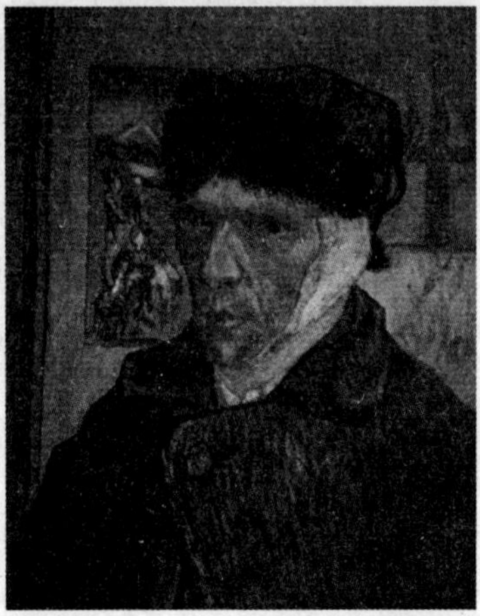

是中毒还是生活压力

从不同的角度出发，学者们提出了许多不同的观点。这些观点一般分为两大类。第一类是由医学界、化学界的专家所持的自然原因观点。他们从凡·高的生前嗜好、日常活动和生理疾病着眼，作出了不尽相同的解释。有些说法是：凡·高有着很多不良生活习惯，例如他非常爱喝艾酒，这种酒含有岩柏酮，对

人的神经组织有很大危害，凡·高正是因为长期饮用这种酒，神经系统出现问题，以致后来失控自杀。有大量的证据表明，凡·高体内含有相当惊人的高浓度的岩柏酮。他去世一年后，他的棺椁就被种植在他坟墓上的一棵喜欢岩柏酮的小树的树根紧紧包裹起来，后来为他移坟的人被迫将此树一起移走。也有人认为，凡·高患有癫痫，为了治疗而长期使用对神经系统有麻痹作用的药物洋地黄，最终因药物中毒而导致神经损坏。

第二类观点认为，凡·高之所以精神失常还有社会因素。一种说法是：凡·高精神崩溃而自杀是因为他对心理疾病和自身生理感到恐惧和羞愧。他们据资料得出：凡·高不仅有严重的青光眼，而且身患梅毒症。他对自己的身体状况非常了解，而失去视力则意味着告别绘画。同时，凡·高也还存在着“恋母情结”，这给他带来很大的精神压力，终使他不堪重负而崩溃。也有很多的艺术界、文学界人士是从思想方面找寻原因的。他们说凡·高短暂的一生却经历了最坎坷的生活。凡·高先后从事过九种职业，辗转各地，然而他却不被社会认可，生活艰辛而失落。他渴望去拯救那些劳苦大众，可现实总是粉碎他的理想。这就足以使他对生活产生了绝望。凡·高拥有非凡的艺术天分和高超的创作水平。他真正绘画的时间不超过7年，但作品数量众多，并且水平很高。但是，同时代的人并不欣赏他的创作，他几乎没有卖出过一幅画，以至于他不得不依靠弟弟的资助来维持生活。他本来已经非常脆弱的神经被这些无情的现实重重地撞击着，终于他不堪重负，才选择用自杀的方式逃避这个没有给他带来任何温暖和快乐的世界。

从每个侧面入手都不能足以说明凡·高自杀的原因，也许他的死是多方面的综合因素累积导致的。无论如何，这位画家总算在死后能够安息了。他的才华和作品也得到了社会的认可，并且将继续流传下去。

毕加索的死因之谜

毕加索的一生充满争议。他的艺术作品令人啧啧称奇；他那放荡的生活也一直为世人诟病。而这位毁誉参半的艺术大师的死因更是一个谜。毕加索是死于纵欲，还是抑郁而终呢？

毁誉参半的艺术大师

毕加索是20世纪绘画史上拥有极高声誉的画家，他的作品既继承传统艺术，又具有独创性，成为世界艺术瑰宝。这位具有无穷创造力的人，有着鲜明的个性。为逃避人们的拜访，他长期居住在山顶的一座别墅里，过着隐居生活，从不接见不速之客。在生活中他常常搞些恶作剧，出些小花招，为人怪异。正是这些个性，使得他的死因令人们猜测不已。

希腊女记者阿里亚娜·斯特拉辛奥波洛斯·赫因汤于1988年6月在美国出版了《毕加索——创造和破坏者》，书中向大家揭示了这位艺术大师的一些奇闻逸事。她揭示了毕加索性格中的许多缺点，例如为人专横粗暴、不负责任、自私自利且诡计多端。阿里亚娜还写道：“毕加索在巴黎大街与一名17岁的少女玛丽·特里萨·沃尔特相遇，并对她

说：‘我是毕加索，您和我在一起会成为名人的。我们在一起一定会快乐的。’”他和妻子奥尔加科拉瓦度假时，让玛丽也住在附近。白天让玛丽当模特儿，晚上常常伺机与她约会。后来，玛丽也遭到了无情的抛弃。总之，毕加索是一个行为放纵的人。如果说他死于纵欲，确有根据。

在《住宅与庭院》杂志上，艺术史学家和传记作家约翰·查理森曾披露：在 1915 年～1916 年间，毕加索曾与一位名叫加布里埃尔·德佩尔·莱斯皮纳斯的巴黎妇女有过一段鲜为人知的罗曼史。查理森说，最令人惊奇的是毕加索曾在一张纸上写道："我已请求善良的上帝允许我向你——莱斯皮纳斯求婚。"此事也为纵欲一说提供了有力的证据。

死因难以确定

还有的学者试图从艺术规律、艺术与女性的关系上对毕加索之死进行探讨。毕加索在其一生的创作当中从无数个女人身上获得过灵感。一个艺术家如果其婚恋和家庭都比较幸福的话，他的创作会更顺利，更成功。感情因素在促成艺术家创作力爆发的各种因素中是一根"导火线"，毕加索在与他的最后一任妻子雅克琳结婚之后又重新焕发了青春的活力。在毕加索生命后十年的创作中，一直交织着婚后生活的幸福、妻子的鼓励以及死亡来临的幻影。但是据学者、专家考证，在毕加索生命的最后一年，他所钟爱的雅克琳患上了精神病，这使他感到无比痛心，而且严重地影响到他的生活和创作。从历史来看，任何一个艺术家在经历创作高峰期后，都会无可避免地走下坡路，毕加索也不能逃脱这种规律。而实际上，毕加索最后几年的创作也充分证明了这一点。这两个原因，对毕加索的打击很大，也许他就是在这种氛围中抑郁而死的。

但是，这一观点仍然缺少根据。因为毕加索生性古怪，很少谈论自己的事情，致使许多生活真相被湮没了，他的死亡报告也并不详尽，所有这些都使得我们对毕加索的死因无法知道得更多。

政治军事

人们关注政治，是为了寻找人类发展的轨迹；人们了解军事，是为了探索文明进步的方法。而一次次的战争给人类带来了极大痛苦的同时，也形成一段段独特的传奇。正义与邪恶、金钱与权力相互交织，形成了一个个难以解开的历史悬案。

古罗马军队为何能横行欧亚

罗马帝国的成就一直为人们所景仰。然而原本是一个小国的罗马如何能打下大片疆域，成为一个地跨欧、亚、非的帝国。这个千古之谜一直引人遐想。

罗马军团横行欧亚

罗马人从公元前6世纪起就开始驱赶伊鲁特里亚人，建立自己的国家。罗马的建立改变了后来欧洲乃至西亚和北非地区的格局。古罗马拥有当时世界上一支很强大的军队，最初军队仍保留着伊鲁特里亚人曾用过的由圆形盾牌和投矛武装的重甲步兵组成的方阵模式，此后它才开始逐渐向正规化部队靠近。

在与拉丁同盟和意大利半岛其他部族进行的战争中，重甲方阵的内在局限性日益暴露出来。意大利凹凸不平的地势使得重甲方阵调遣起来非常艰难，而且方阵的两侧也经常会遭到没有统一作战规则的部族士兵攻击。所以，公元前4世纪初，更为灵活的军事组织——军团逐渐取代了方阵，而成为新的作战方式。军团的人数视条件而定，但它的主要战术结构保持不变。步兵根据年龄和经验排成三列：第一列称“哈斯塔

迪”；第二列是“普林斯朴斯”，他们一般是年龄大约在30岁左右、服役7年的士兵；最后一列“特瑞阿瑞”是久经沙场的老兵，他们老练而成熟，可以鼓舞整个军队的士气。

只有第三列久经沙场的士兵使用长矛，第一列和第二列士兵使用重标枪。这种标枪又称“皮鲁姆”，长约2.08米。用力过猛时，枪尖时常会弯曲，枪头也因而折断，这种兵器也就不能再次使用了。此外，矛头也往往能够嵌入到敌人的盾牌和盔甲中，令对手行动不便。第一列队伍在投掷完他们的标枪之后，就立刻挥剑冲入敌阵，进行近身肉搏。如果第一轮进攻失利，幸存者就会马上退向第二队列，由第二列接着发动更为猛烈的进攻。如果两次进攻都不幸失败了，幸存者将会退到第三列的后部，第三列就会收缩队形，举起长矛，提供一道安全的屏障保护部队安全撤退。

罗马人的战绩缘于他们人力的优势、灵活的战术和特殊的武器，但更重要的是取决于军团将士们的素质和忠诚。公元前200年希腊将领色诺芬回忆他的军队时曾说：“这样的人在战场上无往而不胜。”因为他们的军队面对强敌，毫不畏惧，沉稳镇定。

是战术优势还是武器先进

后来，军团的主要战斗武器是西班牙剑，估计是由在西班牙与迦太基人作战的军队带回意大利的。西班牙剑是宽身利刃剑，长约70厘米，主要为刺击而设计。据说这也是一件令罗马敌人恐惧的武器。

罗马人于公元前197年在色萨力的锡诺赛佛拉打败了马其顿方阵，对菲利浦五世的统治予以重创，同时这也预示着一个具有新式作战方法的强大帝国正在崛起。

战术结构的优越性是必须在实战中才能得以验证的。当时军队的作战方式受希腊重甲方阵的影响较大，而古罗马军团新的战术结构的发明者是谁？他又以怎样的军事理论或政治手段使古罗马统治者接受了新的作战方式？古罗马的历史悠久深远，现代人已无法得知当时的真相，而且史料上没有明确的记载，这更使其成为千古之谜了。

古罗马起义军将领斯巴达克为何率军南下

斯巴达克起义一直为人熟知，这支由色雷斯人领导的队伍曾令罗马奴隶主头痛不已。然而一次错误的战略转移却令这支队伍陷入绝境，最终难逃厄运。是怎样的原因引发了这场悲剧呢？

可歌可泣的斯巴达克起义

世界古代史上最宏伟浩大的奴隶起义爆发于公元前 73 年，其领导者是斯巴达克。这场声势浩大的起义以反对罗马奴隶主统治为目的，起义曾经席卷整个意大利半岛，令古罗马统治阶级惊慌失措。

当斯巴达克起义军将克劳狄乌斯和瓦利尼乌斯的围剿接连粉碎后，斯巴达克曾拟订一个北上计划：全军向阿尔卑斯山前进，越过高山，北上出境，返回故土。重返家乡，本为人之常情，不过副将克里克苏却坚决反对斯巴达克提出的这个计划。随后，克里克苏率领 20 000 人愤然出走，后不幸被官军消灭。斯巴达克率军继续北上，将楞图鲁斯和盖利乌斯的前堵后追挫败，并一度攻打到阿尔卑斯山脚下的穆提那城。然而，此时斯巴达克却放弃北上计划，转而调头南下。

因害怕起义军攻打罗马城，罗马元老院马上派独裁官克拉苏率八个军团去镇压这次起义。为严明军纪，克拉苏动用了古老的“十一抽杀律”，即战败或逃脱者，从十人中抽一人处以死刑，军队的战斗力因此大为提高。

被赶到意大利半岛南端的布鲁提翁带领的起义军准备渡海去西西里，但却遭遇失败。克拉苏下令在半岛最南端挖了一条两端通海的大壕沟，企图将起义军的退路截断，将起义军就地歼灭。虽然起义军侥幸冲出封锁，但仍然伤亡惨重，很快就陷入危机。罗马元老院又在此时命令鲁库鲁斯从马其顿回师、庞培从西班牙回师，会同克拉苏从东、北、南三面包围起义军。

在这个紧要关头，斯巴达克提出让部队撤离意大利半岛，起义军内部牧民出身的康格尼斯不同意这一行动，于是带领起义军离开队伍，结果很快也被克拉苏消灭。

公元前71年春，起义军与官军进行了一场最后决战。双方在阿普里亚境内展开激战，斯巴达克和其部下英勇牺牲，官军把被俘的6 000名起义军全部钉死在从卡普亚到罗马大道两边的十字架上。

南下原因说法不一

起义虽以失败告终，但仍然对罗马奴隶主统治者予以沉重的打击。但是，几千年来人们迷惑不解的是斯巴达克为何放弃了北上的计划？如果他按计划离开罗马返回色雷斯，历史又会被怎样改写呢？

当斯巴达克最初制订北上计划时，起义军内部已出现严重分裂：副将克里克苏率20 000人出走，结果被官军很快歼灭了。起义军内部的第二次分裂发生在斯巴达克提出渡海去希腊的时候，牧民出身的康格尼斯对撤出意大利半岛的主张坚决反对，带领12 000人离开队伍，结果被克拉苏消灭。

看来，起义军内部始终在去与留的问题上存在严重的分歧。这与起义军来源有很大的关系：斯巴达克等人是来自色雷斯的角斗士，有很强的乡土意识，他们希望有朝一日能回归故土色雷斯。而另外一些起义军过去是罗马破产农民，不愿意离开罗马。这种强烈的本土意识使他们在大敌当前时意识不到真正的危险，从而导致了最后的分裂。

历史学家们普遍认为斯巴达克是依客观形势而调整计划的。起义开

始时，敌强我弱，罗马军队太强，不宜久留于此，才要北上，想要在敌人势力范围较远的北部地区发展壮大，从而可以翻过阿尔卑斯山重回故乡。但北上途中的节节胜利，尤其是起义军将罗马执政官克劳狄乌斯、名将楞图鲁斯和盖利乌斯的围剿接连挫败之后，声势大振，敌我力量对比出现了一点变化。起义军因此而振奋，甚至自信可以在罗马大战一场。

第二种意见认为：阿尔卑斯山的恶劣条件改变了起义军北上翻越山岭的计划。他们指出，阿尔卑斯山平均海拔 3 000 米左右，是欧洲最高的山峰，而且山峰终年积雪，山上气候千变万化。12 万起义将士到达阿尔卑斯山脚下时，身上的单衣无法御寒，再加上起义军给养不足，没有办法，只好取消了北上计划。

此外，还有人认为斯巴达克因为缺乏意大利北部农民的支持而放弃北上计划。

然而历史只有一次。斯巴达克如果真能返回色雷斯，那么历史就不会是今天这样了；而罗马官军对待斯巴达克的态度——是消灭还是驱逐，也决定了历史的真实性。无论我们怎样猜想，这一切都已成为令现代人百思不解的谜团。

是尼禄烧了罗马城吗

尼禄是有名的暴君，他弑父杀母的恶行是其无法掩盖的劣迹。而罗马城的毁灭似乎也与他大有关系。这座承载着荣誉与财富的城市一夜之间化为废墟，是天灾还是人祸一直令人猜测不已。

罗马城的火灾与尼禄

公元64年7月18日，对罗马城来说是个灾难的日子。这天傍晚，罗马城内圆形竞技场附近突然起火。罗马城当天风力很大，火势随风势蔓延，一场大火灾不可避免地发生了。大火历经了9天，只有4个区幸存下来，其他的10个区已经成为废墟，甚至其中一个区只剩下灰烬。无数的生命被大火吞噬，成千上万的财产化为灰烬，宏伟壮丽的宫殿、神庙和公共建筑物也被付之一炬，在无数战争中掠夺来的金银财宝、艺术珍品、古老文献原稿也在这场大火中遭到浩劫。古今史学界对于这场大火的起因一直存有争议，到底它是人为原因还是天灾呢？

据当时流行的传闻说，这次大火是尼禄下令放的。尼禄是罗马历史上一个臭名昭著的暴君。他骄奢无度、弑父杀母，其滥杀无辜的行为是历史学家多次提及的话题。他纵情享乐、挥金如土，致使罗马国库积存耗损一空，财政枯竭。同时他还任意搜刮、没收富人的财产，使得帝国各地和各阶层都对他很不满。但是，他若放火烧掉自己的城邦，

听起来还是让人无法相信。然而火灾发生时，尼禄的言行确实表明他有纵火的嫌疑。

据说有一次一个人在与尼禄聊天时说："我死后，愿大地一片火海。"尼禄马上打断了这个人的话："不，在我活着的时候，我就会使大地变成一片火海。"而且，尼禄曾多次表示，他不喜欢罗马城旧的建筑和那些曲折狭窄的旧街道，真想用一把火烧掉这些旧房子，按照自己的意图来重新建造罗马城。据说当罗马变成一片火海时，尼禄竟然坐视不管，还登上花园的塔楼，在七弦琴的伴奏下，一边观赏着火海的绚丽景象，一边情绪激昂地朗诵着有关古希腊特洛伊城毁灭的诗篇。

尼禄特别想据为己有的黄金房屋附近有一些石头墙壁的谷仓。起初大火并没有烧到谷仓，尼禄却令人撞毁墙壁，人为地让火烧至谷仓。大火过后，尼禄马上在废墟上抢先修建起自己的新宫殿——"黄金之屋"。在这座"金屋"里，除了宫廷建筑中必不可少的金堆玉砌之外，还有林苑、田园、水榭、浴场、水池和动物园，以便让人领略独特的湖光水色、林木幽雅的景物风情。整个宫殿内部用黄金、宝石和珍珠装饰，餐厅的天花板都是用象牙镶边。尼禄看了这座富丽豪华的宫殿后非常满意，赞叹道："这才像个人住的地方。"

火灾过后，罗马人民群起声讨尼禄。尼禄为平息风波，找来一批基督徒来当替罪羊。这些人有的被蒙上兽皮让猎狗吃掉，有的被钉在十字架上点着当作夜里的照明灯，这都是些残忍至极的刑罚，这样惨无人道的暴行使得人们更加反抗他的统治。

尼禄是否是真凶

对于尼禄是不是罗马大火的纵火者，历史学家们有着不同的看法：古罗马历史学家塔西佗认为是尼禄放火烧了罗马城。他描写道："当大火吞噬城市时，没有人敢去救火，因为有一些人不断发出威胁，不许人们去救火，还有一些人公然到处投火把，他们说自己是奉命这样做的。"这些在大火中行为怪异的人很可能就是尼禄的亲信。另一位历史学家则记载："几位前任的执政官在自己的庄园里，发现尼禄的侍从拿着麻屑和火把，但没人敢上前捉拿他们。”古罗马的史学家们几乎一致指控是尼禄为了重建罗马城而纵火焚城的。

另一种说法则认为：尼禄认为自己是一个伟大的艺术家，燃烧中的罗马城只不过是自己的一件伟大作品。而现在的学者却反驳说：如果尼禄自认为是艺术家的话就不会在圆月当空的情况下欣赏作品了，那样效果可不是最好。这样看来，罗马城的大火也许只是一场天灾。

但是，从尼禄的性格看来，尼禄确实是一个疯狂的人，他很有可能会火烧罗马城。自认为是“天才演员”和“杰出艺术家”的尼禄曾把真正的杀戮和处死的场面搬上舞台，这吓坏了现场的观众。他从此对罗马观众极为不满，认为只有希腊人才具有真正的欣赏水平，于是他抛弃政务去希腊寻觅知音。尼禄在希腊的公开演出一直进行了 15 个月，但他还没有回来的意思。直到得知帝国发生叛乱，新元首已经被拥立时，他才仓皇回国。然而尼禄已经众叛亲离，在他仓促逃至一个小茅屋想要躲藏时，罗马追兵已经到了。自知难逃一死的尼禄还在哀叹着：“一位多么伟大的艺术家要死了啊！”然后拔出刀子自杀了。

罗马城大火的真正原因现在还不能盖棺定论，也许科学的进一步研究会为我们解开这个谜团。

罗马帝国覆灭之谜

罗马帝国的成就无比辉煌，而它的覆灭也令人充满疑惑。曾经无比强大的帝国为何变得不堪一击？它灭亡的真正原因又是什么？到底是蛮族大军将其打败，还是其他原因令它毁灭……

罗马帝国灭亡的标志

公元410年，哥特人首领阿拉里克率领日耳曼蛮族大军攻占了具有“永恒之城”之称的罗马城，西罗马帝国逐步走向了灭亡。在公元410年攻克罗马城以前，哥特人就已逐渐沿袭了罗马人的风俗习惯，而在边远地区居住的罗马人，几百年来也不断受蛮族文化的影响，同时日耳曼民族的罗马雇佣兵也日渐增多，他们对罗马当然不是忠心耿耿。那么他

们又持怎样的态度呢？

公元410年阿拉里克攻克罗马，这并不是对罗马帝国的致命打击，但这是罗马帝国800年来的第一次败仗，比起实际意义，罗马人心灵上的挫败感更巨大。因此阿拉里克攻克永恒之城在历史上一直被看作是罗马帝国灭亡的象征。

覆灭原因初露端倪

近年来的研究查明了公元5世纪哥特人毫不费力就攻克了罗马的真正原因。1969年~1976年，在英国南部赛伦塞斯特展开的挖掘工作中，研究人员在一座公元4世纪末5世纪初的罗马人的墓群里，找到了450具骸骨，多数骨头中的含铅量是正常人80倍之多，儿童骸骨中的含铅量则更加厉害。这些人可能死于铅中毒。

罗马人对他们的优良供水系统引以为傲。供水系统通常都以铅管输送饮用水，同时罗马人用铅杯喝水，用铅锅煮食，甚至用氧化铅代替糖调酒。摄入大量的铅会导致全身无力，甚至丧失生育能力。即使吸收的铅含量微小，也会对生殖能力产生影响，所以罗马人很可能因为喝了含铅的酒和水而致死，从而致使帝国覆亡。但是，这种猜测还缺乏真实的证据来加以证明，还有待科学家的进一步考证。

铅中毒也不可能是罗马城于公元5世纪被攻陷的唯一原因。否则，东罗马帝国为什么能在西罗马被灭亡后，能够继续存在1 000年呢？

的确，东罗马帝国仍然能存在的原因很多：边境线不长，较容易抵御，可避免外族入侵；同时，东罗马帝国国内治安维持较好。但有一件事情也引起人们的注意，即东罗马帝国境内的铅矿较西罗马少得多。罗马帝国灭亡的真实原因，我们仍不得而知，但是其中一定蕴含着很多的秘密和谜团，相信有一天真相总会呈现在世人眼前。

珍珠港事件疑团

日军轰炸珍珠港成功后，美军破译神秘电波并加入战团，重创日军。罗斯福是否早已知道日军轰炸的计划？是意外，还是有意为之，历史留下的是一个个难以解开的谜。

珍珠港事件疑云

轰动世界的珍珠港事件，没有人会对它陌生。但是，关于珍珠港事件还有许多疑问有待解答。多数学者认同下面这个说法：美国领导人早已知道珍珠港将被偷袭的消息，但为了刺激国内民众的战斗决心，才上演了一出“苦肉计”。

珍珠港位于夏威夷州瓦胡岛南岸，东距火奴鲁鲁 10 千米，它是美国太平洋舰队的所在地。1941 年 12 月 7 日日本不宣而战，对珍珠港进行突然空袭，这一事件标志着太平洋战争的爆发。

在珍珠港事件中，日军击沉了美军战列舰 8 艘、轻巡洋舰 6 艘、驱逐舰 1 艘，损毁飞机 270 架。还有一种说法是损毁了 180 架飞机，造成美军伤亡三千四百余人。美国人向来心高气傲，盛气凌人，这样大的侮辱他们怎能甘心接受。事件发生的第二天，罗斯福总统便在国会大厦发表了世人瞩目的演讲和战争声明，对日战争打响了。美国公众彻底放弃了孤立主义，投入对轴心国的战争中。

神秘的破译

美国陆军于1935年重新设立了信号情报处，由密码专家威廉·弗里德曼领导，主要负责监听。随后，美军又成立了海军通信保密科，二者代号为“魔术”。

截止到1941年，“魔术”已能成功截获并破译出绝大多数日本人用“九七式”打字机发出的“紫色密码”外交电报。1941年底，他们破译的秘密外交电报平均每周高达200页。这其中自然有很多关于珍珠港的情报：1941年9月24日，日本海军通过外务省致电日本驻檀香山总领事馆，要求总领事馆了解美军太平洋舰队军舰在珍珠港的确切停泊位置；11月15日，日本外务省要求驻檀香山总领事馆每周至少报告两次在珍珠港的美国海军主力舰队的动向；11月18日，檀香山的日本领事馆向外务省作了一次汇报，汇报的内容是关于美军军舰在进港后确切的航向变化角度和从港口到达停泊点的时间；11月28日，日本外务省要求檀香山总领事馆立即销毁密码和密码机；12月2日，日本驻檀香山总领事馆用低级密码继续报告美军的一举一动……

这些重要情报经由“魔术”报告给总统、陆军部和海军部的部长、

作战部长、情报局长、国务卿等军政首脑，而其他人则极少能接触到这些情报。白宫没有透露这些珍珠港的情报，太平洋舰队司令金梅尔海军上将和夏威夷基地司令肖特陆军中将对此事也完全不知情。金梅尔将军后来在接受调查时讲道：“海军总部扣下了珍珠港将可能遭受袭击的有关情报，太平洋舰队被剥夺了一次作战机会，导致1941年12月7日的灾难性结局。”其实，早在1941年初，太平洋舰队包括1艘航空母舰、3艘战列舰、4艘巡洋舰、17艘驱逐舰在内的约1/4的作战力量被调拨给了大西洋舰队。同时，舰队中素质最好的官兵也被成批派送到大西洋舰队，为此金梅尔还曾多次对当时任海军作战部部长的斯塔克强调要加强太平洋舰队的实力。他在1941年9月12日写给斯塔克的信中诚恳地说：“一支强大的太平洋舰队无疑是对日本的威慑，而弱小的舰队也许会引来日本人……在我们能够保持足够对付日本舰队的兵力之前，我们在太平洋是不安全的。”然而，金梅尔的建议并没有被海军总部采纳，更为巧合的是，在日本轰炸机疯狂肆虐在珍珠港上空时，太平洋舰队的主力——3艘航空母舰全部外出（“萨拉托加”号停在圣迭戈检修，“莱克星顿”号正在行驶途中，“企业”号在珍珠港以西370.4千米的归途中），因此它们毫发未损。

紧急调集医务人员和药品

1995年9月5日，美国当时的克林顿总统收到一位名叫海伦·哈曼的女士的来信。哈曼说她的父亲史密斯当时是美军后勤部主管，父亲曾对她讲过一些不为人知的内幕：珍珠港事件前，罗斯福总统召集了少数高级军官，开了一个紧急的秘密会议。会议上说：美国高层已经预见到日本将要偷袭珍珠港，会造成大量人员伤亡和财产损失。他们命令出席军官尽快准备召集一批医务人员和大量急救物资，随时待命启运。罗斯福总统特别强调会议内容严格保密，包括对珍珠港的军事指挥官和红十字会的官员。面对与会官员的惊讶与不解，总统解释说，只有当美国本

土遭到攻击时，犹豫不决的美国民众才会同意他宣布参加战争。这一封信引起世界范围的关注，但是哈曼的父亲史密斯已经过世，哈曼也只是转述者，这一说法还是缺少真凭实据。

美国红十字会夏威夷分会的工作人员根据信件提示查阅了该会1941~1942年财政年度报告的影印件和有关国家档案。他们发现，在珍珠港事件前一两个月，美国红十字会和美军后勤医疗部队曾进行过不同以往的紧急调动，主要是人员和物资方面储备。正是这些储备，被投入到了珍珠港事件后的紧急救援工作中。1941年11月的美国红十字会总部的月度报告显示：当月夏威夷分会共接收了2 534名医护人员，其中1 505名是被紧急调去的临时人员。有内部资料说，有关人员还从夏威夷红十字分会会长阿尔弗雷德·卡瑟尔的弟弟威廉·卡瑟尔的日记中发现：12月6日，夏威夷分会的全体人员奉命战备值班。

专家的猜测

有专家分析认为：罗斯福总统上演了一出“苦肉计”，他欲用该计消除国内强烈的孤立主义情绪，旨在让美国能赶在欧亚大陆被纳粹德国和日本法西斯全面占领之前投入战争，而且他预先调出了精良部队与装备，又暗中输送人员和物资，就是为了减少损失。但这一说法至今也没有得到证实。

克里普斯在第二次世界大战期间为何突然访印

1942年，第二次世界大战的规模达到了空前的程度。此时，反法西斯主力国英国掌玺大臣克里普斯却神秘地亲赴印度访问。英国采取如此行动的目的何在呢？是国内原因，还是战略需要？

克里普斯访印

在反法西斯战争期间，英国的下议院领袖、掌玺大臣克里普斯在1942年春，带着解决印度问题的《宣言草案》（亦称《克里普斯方案》），风尘仆仆地飞往新德里进行访问。英国当权人物为什么要在大战正酣之际采取这样的行动呢？其目的又是怎样的呢？

猜测访印原因

克里普斯访问印度的原因究竟为何，国内外学者和专家普遍认为可能有四种原因：第一种说法是“丘吉尔决定说”。一般认为，是丘吉尔本人作出的这一决定，而这一决策又同当时战局关系重大。

第二种是“罗斯福干预说”。美国一些学者并不完全同意上述说法。坚持这一说法的人认为，这一行动能得以实施，完全取决于美国总统罗斯福的影响和干预。

第三种是“工党压力说”。战时的英国联合内阁中一直对印度问题存在不同意见，工党还施压给丘吉尔，要他改变以往政策，争取将印度也拉入战争。尤其是克里普斯，呼声最为强烈。在面对内阁分裂的可能时，丘吉尔不得不作出上述决定。

第四种是“印度呼吁说”。第二次世界大战爆发后第三天，即1939年9月3日，林利恩戈总督未经各党派的同意，就擅自宣布印度参战。印度人民对这一决定反应强烈，纷纷呼吁反英反战；印度自由派人士萨普鲁等也联名上书，要求英国首相采取行动以缓和矛盾。因此，才有了克里普斯访印。

今天，克里普斯访印的真实原因仍然是众说纷纭，莫衷一是。人们对这一历史事件的寻本探源工作仍在进行之中……

巴尔干的政治纠纷之谜

战争的动力是欲望，而要取得战争胜利的保障则是后勤支援，在战争中人们对后勤的关注远大于对战争的关注。由于以上原因，二战时期巴尔干半岛便成了兵家必争之地，同时那里也留下了许多难解之谜。

资源丰富的巴尔干

巴尔干地区不仅是希特勒第三帝国的东部前线，而且其丰富的自然资源优势，尤其是战略资源——石油，更为纳粹德国提供了强大的后勤支援。同时，巴尔干地区的保加利亚、罗马尼亚和匈牙利还为德军提供了十多万的兵力。这里可谓是一块宝地，希特勒对这块宝地是如何伸出他的魔爪的呢？

保加利亚是一个山地国家，长约六百千米，最宽处约三百千米，位于黑海之滨，南接希腊，北临罗马尼亚。保加利亚在战争中扮演了一个十分奇特的角色。1941年12月11日，保加利亚君主鲍里斯三世对英美宣战。然而，对于与德国作战的苏联，他却采取避让态度。

1942年末，希特勒在东普鲁士的指挥所收到报告，称鲍里斯三世暗中有意将保加利亚从轴心国集团分裂出去。希特勒马上警觉起来，随即一场闻名于世，长达几十年的政治纠纷就这样发生了。如果保加利亚从轴心国集团分裂出去，希特勒将会面临失去整个巴尔干半

岛的危险。为此，希特勒在巴伐利亚紧急召见了鲍里斯三世。鲍里斯三世在希特勒的一顿愤怒的训斥后，保证保加利亚不会离开轴心国集团。

此时，苏联领导人斯大林也没有放松对保加利亚的关注，他还想将共产主义的种子播撒到整个巴尔干半岛，他的目光主要放在这里丰富的资源上。希特勒听信了英国和美国特工散布的谣言，认为盟军要攻打保加利亚了，他迫不得已将兵力集中到保加利亚，因此西欧的压力也得到很大的缓解。

鲍里斯暴死之谜

1943 年 8 月 28 日，鲍里斯三世暴死于自己的官邸中，这距离他结束同希特勒的不悦会谈仅几个月的时间。纳粹宣传部长戈培尔声称鲍里斯三世是中了一种罕见的蛇毒而亡的。

很明显，鲍里斯三世死于谋杀。然而，谋杀者又是谁呢？德国人、英国人、美国人、苏联人，甚至保加利亚本国人都有可能。皇帝的突然死亡在保加利亚国内引起了不安和骚动。

1943 年 9 月 8 日，保加利亚为了免遭苏联人的进攻而倒戈对德国宣战。保加利亚动用五个师的兵力到前线与德军作战。讽刺的是，这些部队竟完全是希特勒下令用德式装备武装起来的。在这两个前盟国开战的同时，保加利亚的摄政委员会在莫斯科与英国、美国和苏联签署了停战协定。

然而，协议签订后不久，斯大林就派乌克兰第三方面军进入保加利亚。保加利亚共产党接管了政权，摄政委员会的成员遭到逮捕并被处死。接着，保加利亚在全国范围内掀起了清算叛国者的运动。其实，正是鲍里斯三世的死引出了上述事件，然而其真正的死因却如石沉大海，不得而知了。

希特勒血洗冲锋队之谜

1936年6月30日凌晨，曾为希特勒立下汗马功劳的冲锋队在一阵机关枪扫射后消失了。为什么希特勒要对昔日功臣赶尽杀绝呢？是历史必然，还是派系之争？事情的真相又是怎样呢？

希特勒血洗冲锋队

作为法西斯头领的希特勒，同时也是一个杀人狂。杀人无数的希特勒草菅无辜并不奇怪，但一向视冲锋队为自己左膀右臂的希特勒却亲自下令处决了他一手建立的亲信武装。对于希特勒来说，包括参谋长罗姆在内的冲锋队可谓是自己的心腹，为什么他还要赶尽杀绝呢？

冲锋队被血洗之谜

希特勒为何血洗冲锋队呢？研究者们经研究后得出以下结论：

其一，冲锋队已经完成了历史使命。所以，无论用什么方法，冲锋队必须要退出历史舞台。

其二，希特勒与罗姆之间存在着相当大的矛盾。虽然二者是患难之交，但同时两人又有分歧。

希特勒上台后，罗姆就加紧发展冲锋队，还要进行“二次革命”，建立“民族社会主义”国家，这遭到希特勒的强烈反对，他本人也被希特勒残酷地处决掉了。

其三，冲锋队与党卫队的斗争。于 1925 年成立的党卫队，即黑衫党，原是冲锋队的下级组织，作为希特勒铁杆卫队的党卫队在冲锋队膨胀的同时亦迅速发展壮大。这两支军事力量在争取权势的斗争中必定会矛盾重重。1929 年希姆莱任党卫队首领后，矛盾更加激化。

其四，冲锋队不被国防军所容。德国军队在一战后受到限制，在冲锋队成立之初，陆军方面出于将德国武装起来的目的，对冲锋队采取的是扶持态度，把它作为后备军。但随着罗姆想使冲锋队取代国防军的意图日益暴露，军界意识到其特权受到了威胁。如何取舍二者呢？希特勒本应更偏袒他的发迹部队——冲锋队；然而，这样做又会引发更棘手的问题：一是若保留庞大的冲锋队，他将很难向欧洲各国作出恰当解释，他的外交将因此而陷入难堪境地；二是如果把国防军得罪了，他继承危在旦夕的兴登堡的总统职位的目的就难以达到。经过慎重考虑，希特勒决定牺牲冲锋队。其实早在他行动之前，他就已经得到承诺：如果他这么做，军界就会支持他继任总统。

于是希特勒便以冲锋队阴谋“二次革命”为借口，顺水推舟地将除掉惹是生非的冲锋队和取悦资产阶级这两个目的在政治清洗中实现了。

归根结底，上述四条都可能引发希特勒下决心血洗冲锋队，但是事件的真正原因却仍未浮出历史的水面。

离奇的阴谋绑架案

温莎公爵即原英国国王爱德华八世，他为情放弃王位，并于1937年让位于乔治，与妻子过着平静的生活。希特勒却企图绑架他，想利用他完成“和平的绊脚石”计划，然而并未成功……

愤怒的希特勒

1940年的春天，强大的德国军队已经征服了比利时、荷兰、卢森堡和法国，并且将三十多万名英法士兵赶到了法国的敦刻尔克地区，还缴获了他们的枪支、大炮、坦克等武器装备。在欧洲大陆上，大英帝国再也无力抵御德国人了。

但是，希特勒的怒火却越来越大。在柏林，他对他的亲信咆哮说，“丘吉尔以及他的死党”和英国国王乔治六世是他赐予英国和平的巨大障碍。希特勒认为应该借英国国内“和平运动”的倾向，趁机铲除丘吉尔和英国国王，欧洲就能和平了，而且他也会成为欧洲的统治者。

阴谋绑架公爵夫妇

在策划进攻英伦三岛，即实施所谓的“海狮计划”的同时，希特勒还在计划除掉“和平的绊脚石”——丘吉尔及乔治国王的行动。温莎公爵夫妇便成为希特勒首先盯上的目标。

温莎公爵就是最初的英国国王爱德华八世，他因为“不爱江山爱美人”在1937年将王位让给了乔治。然后，他和他的平民妻子来到了巴黎。巴黎沦陷后，他们又到了马德里，在那儿过着平静的生活。

希特勒计划绑架公爵夫妇，送他们回英国当傀儡国王。爱德华八世再次掌权，使乔治国王下台，丘吉尔也就会被罢免了，如此一来，连他的“海狮计划”也不需要执行了。

绑架温莎公爵夫妇的任务交给了29岁的党卫队军官华斯·施雷伯哥，这个人为人精明且手段残忍。很快，施雷伯哥和手下的几个人化装成德国商人来到了马德里。

1940年7月30日，纳粹驻马德里的大使给柏林发出了一份紧急情报：一个德国间谍获悉，公爵已经被任命为巴哈马群岛的总督，他们打算在8月1日从葡萄牙的里斯本出发，登上美国的“亚瑟王神剑”号轮船，去往巴哈马群岛就任。消息传到了施雷伯哥的耳朵里，他急忙带人赶往里斯本去追截公爵夫妇。

施雷伯哥计划在里斯本抓住公爵夫妇并将他们送往柏林。那样全世界就会认为温莎公爵是为了和平，为反对丘吉尔和乔治国王自愿去往柏林，而不是被绑架的。

富贵命挫败了阴谋

当天，公爵夫妇在开船前三个小时就来到了里斯本的码头。公爵本人对此密谋似乎一无所知。而华斯·施雷伯哥几乎是在最后一分钟才知道公爵提前去了码头。

但是，幸运之神眷顾了德国间谍。有传言说，“亚瑟王神剑”号轮船被安放了炸弹，因此，船长下令开船时间延迟一个小时，以排除炸弹。这时候，施雷伯哥和三个手下跳上一辆汽车，疯狂地朝码头开去，希望能在开船前抓到公爵夫妇。

千钧一发的时刻，幸运之神又转而眷顾了温莎公爵。施雷伯哥的汽车在里斯本的一个十字路口与一辆大卡车相撞，他们的汽车无法继续前行。等换了汽车再追赶时，公爵夫妇已经在“亚瑟王神剑”号上了，他们因一场意外事故而脱险。

但是事后，许多人却对这场阴谋绑架案产生了怀疑，为什么在希特勒刚刚制订了绑架计划，温莎公爵却恰好被外调，事情会如此巧合吗？而当施雷伯哥赶到码头，公爵夫妇真的对绑架密谋一无所知吗？而后来的事情则可以演绎成一部精彩的小说，公爵夫妇所乘的船延迟了一小时出发，在仍有一线希望成功时，施雷伯哥居然会倒霉地出了车祸，而这场车祸的发生不是很蹊跷吗？不过，时过境迁，真相早已无从知晓了，后人多是慨叹温莎公爵夫妇的富贵命使他们最终逃过了劫难。

宫廷秘闻

抚摸尘封的竹牍，穿越遥远的时空。金碧辉煌的宫殿展现了那些早已消逝在历史长河中的古代帝王及后妃们的一言一行，也演绎出了鲜为人知的故事和谜案。尽管这一切被披上一层神秘的面纱，但难以掩盖这其中的血与泪、爱与恨、情与仇……

大流士获得王位之谜

波斯帝国历史上最伟大的帝王——大流士被尊称为“万王之王”。这位杰出的君主将波斯归于其统治之下，并征服了大片土地。而他获得王位的过程更是充满传奇……

发现假皇帝

公元前 522 年 3 月，拜火教僧侣高墨达趁冈比西斯远征埃及之际，在波斯国内发动政变。高墨达自称是被冈比西斯所杀的巴尔迪亚王子，骗取了波斯人民的支持，成为“新皇帝”。这个假皇帝很少以真面目示人，但这个秘密还是被揭穿了。冈比西斯的王妃无意中发现“新皇帝”没有耳朵，便把这个秘密告诉了自己的父亲——大臣欧塔涅斯。

欧塔涅斯由此推断出新皇帝并非巴尔迪亚，而是僧侣高墨达。原来居鲁士在位时，曾对高墨达作出过割去双耳的惩罚。欧塔涅斯将这一重要机密告知了 6 名波斯贵族，大流士即是其中一位。于是他们合谋发动政变，推翻高墨达政权。

这 7 个贵族先是派人在首都到处散布假皇帝的消息。不久，假皇帝的消息便在首都传开。高墨达见状不妙，连忙逃到米底的一个地方，最后被大流士和欧塔涅斯等人杀死。

大流士“突出重围”

根据希罗多德的《历史》记载，当 7 个发动政变的贵族重新夺回政权之后，在商议波斯的统治方式的时候，欧塔涅斯第一个发言说："我认为应该结束独裁统治，因为这既不是一件快乐的事，也不是一件好事，独裁统治者往往为所欲为。即使把这种权力给世界上最优秀的人，他也难以坚守他最初的立场和原则……相反，法律面前人人平等则会得到世人拥护。其次，任职的人对他们在职期间所做的一切负责，而一切意见均交给人民大众加以裁决。所以我的想法是，我们废掉独裁政治，给人民更广泛的权利，因为一切事情是必须取决于公众的。"美伽比佐斯则主张实行寡头统治，并不赞同民主制。大流士则极力主张独裁，他说："一个最优秀的人物来统治一个国家是最好的选择，他能够完美无缺地统治人民，为对付敌人而制订的计划又不至于因为很多人知道而泄露。"然后他又论证了寡头制和民主制由于互相争斗，最终都会导致独裁统治。最后，大流士的主张以 4∶3 而获得通过。在讨论由谁当这个独裁者时，7 个贵族还约法三章：第一，欧塔涅斯明确表示他和他的后人不能受未来国王的支配，相反，每年国王都要给予其奖赏；第二，7 个人可以自由出入皇宫，当然，国王正在休息时除外；第三，国王必须在余下 6 个人的家族里挑选妻子。

大流士自从登上王位后，为自己树立了一块石碑，石碑上面这样写道："叙斯塔斯帕之子大流士，赢得了波斯帝国。"和他一起杀高墨达的那几个大臣，这时都不敢提出异议了。其中有个叫尹塔普列涅的大臣惹怒了大流士，结果他的一家人全部被杀。

公元前 500 年大流士发动了对希腊的战争，在马拉松战役中波斯军队惨败而归。10 年后，大流士之子薛西斯又再次远征希腊，仍然是无功而返。自此，波斯帝国开始没落，但独裁统治制度却仍在世间延续。

腓力二世被刺之谜

提起亚历山大大帝，几乎是尽人皆知，世人对他的英雄事迹津津乐道。而他的父亲腓力二世就很少有人知道了，腓力二世的死因更成为一个历史的未解之谜。

公元前336年，马其顿王国的国王腓力二世远征波斯的计划已准备妥当。然而，就在这一年的夏天，在庆祝他女儿的婚宴上，腓力二世却突然遇刺身亡。

刺杀事件的真实情形

事发时的情形是这样的：那是一个极为奢华的结婚典礼仪式，腓力二世的女儿克罗巴特拉和她的舅舅伊庇鲁斯国王共结连理。婚礼盛况空前，热闹至极。当时，腓力二世身着传统的节日白袍，威风八面，十分得意地在一群嘉宾的簇拥下进入礼堂。

就在腓力二世经过礼堂的入口处时，一个士兵打扮的人突然冲向腓力二世，并拔出短剑刺入他的胸膛。腓力二世猝不及防，很快便倒了下去。凶手随即转身逃走，他一跃跨上早已准备好的马匹，准备纵马逃跑。不巧那马腿被野藤绊住，凶手从马上摔下，立即被人杀死。后来经过查证，此人是个年轻的贵族。据说他是因为受到贵族阿塔拉斯的侮辱而向腓力二世寻机报复的。

腓力二世死因的不同说法

美国学者认为：腓力二世的前妻奥

林匹娅斯是重大的嫌疑人。国舅阿塔拉斯的侄女令腓力二世着迷，腓力二世和奥林匹娅斯又已离婚，这样就会影响到奥林匹娅斯的儿子亚历山大的继承权，进而便会引起一场重大的家庭纠纷。照此推断，奥林匹娅斯有很大的嫌疑。不过奥林匹娅斯是否为主使者还是难以断定的。

古代史学家普鲁塔克在《希腊罗马名人传》一书中认为：腓力二世的被杀与其儿子亚历山大有重大关联。他说，在腓力二世与阿塔拉斯的侄女的婚礼上，阿塔拉斯在向新婚的腓力二世祝酒时说：“愿你们今后能生一个真正的马其顿血统的继承人!”在一旁的亚历山大勃然大怒：“难道我不是合法的继承人吗?”说罢起身将酒杯砸向阿塔拉斯。腓力二世见此，便拔剑冲向亚历山大，结果一不留神跌了一跤。亚历山大对此嘲讽道：“这个越出欧洲准备进军亚洲的将军，刚从这个桌子走向另一个桌子就已经四脚朝天了！“说完冲出婚礼大厅，然后和他母亲一起离开了。据说，后来亚历山大去了利亚伊里，而他母亲奥林匹娅斯则回到了娘家……但最终，亚历山大还是继承了王位。还有一种可能，阿塔拉斯的挑衅完全是亚历山大编造出来的，目的是为自己作辩护。持类似态度的还有美国学者赫·乔·韦尔斯等。

世人对腓力二世被刺的推断和猜测，都因为没有实证作为依据而无法作出定论。不久前，考古学家在希腊北部发现了腓力二世的墓，相信随着考古的进一步发现，以及学术界研究的深入，腓力二世被刺的真实原因肯定会有一个结论。

布鲁图刺杀恺撒大帝的原因之谜

大多数史书对恺撒都写满赞颂，他为罗马的繁荣奠定了基础，他的名字更成为皇帝的别称。而他的死千百年来也令人猜测不已。他的儿子是否真的参与了刺杀活动？

莎士比亚在《裘力斯·恺撒》中称颂布鲁图："这才是一个真正的男人。"布鲁图就是传说中恺撒大帝与塞尔维利娅的私生子，据说，他也是策划谋杀恺撒的主谋之一。

恺撒之死是否与布鲁图有关

布鲁图杀父又是出于什么原因呢？他真的亲自参与了刺杀恺撒的行动吗？

公元前44年3月15日，在庞培议事厅，当那些谋杀者都向恺撒行刺时，布鲁图也刺了他一刀。恺撒和别的刺杀者拼命对抗，他一边呼喊一边挣扎着，然而当他看到布鲁图手拿匕首时，竟然默默地用外袍蒙上

了头，放弃了反抗，等着挨刺。另有一些人这样写道："当布鲁图向恺撒行刺时，恺撒用希腊语说道：'是你！我善良的孩子！为什么？'看来，恺撒在临死之前，仍将布鲁图视为自己的儿子。"

普鲁塔克在给恺撒和布鲁图作传时，就是以这件事为依据的："恺撒不仅爱着塞尔维利娅，也同样爱布鲁图，尽管他只是私生子。"在普鲁塔克看来，恺撒如此反常地对待布鲁图，正是源于这种爱。但当恺撒和庞培为争夺最高权力而展开内战时，出乎人们意料的是，布鲁图竟站到恺撒的死敌庞培一边。即使这样，恺撒仍没有恨布鲁图。他告诉手下人，不许在战争中对布鲁图下手。如果布鲁图投降，就俘虏他，如果他誓死不做俘虏，就随他便，总之千万不许伤害他。

恺撒对布鲁图可以说仁至义尽。普鲁塔克说，如果布鲁图愿意，他甚至可以成为恺撒最亲密的朋友。

布鲁图为什么一定要背叛恺撒，将他置于死地呢？有人认为，其根本原因应该是，布鲁图与卡西约是共和派，他们强烈不满君主专制制度，而恺撒有实行君主专制的企图。布鲁图则立场坚定："为国家自由而死，是我们责无旁贷的义务！"诸多事实证明，爱憎分明的布鲁图对恺撒大帝有着很深的仇恨。在他看来，恺撒是暴君的典型。作为"真正的男人"，布鲁图认为他注定要做的就是除暴安良，刺杀恺撒是正义之举。但这只是普鲁塔克的一些主观推断，恺撒大帝到底是被谁杀死的，还有待作进一步的考察。

埃及艳后容貌之谜

电影《埃及艳后》中埃及女王克里奥帕特拉被刻画得美丽绝伦、高贵典雅，但在英国国家博物馆中展出的女王雕像却被雕琢得相貌平平，一脸刻薄相。那么，女王的真实容貌到底是什么样子的呢？

公元前1世纪埃及女王克里奥帕特拉主宰着她的王国。她的传奇人生也成为电影的素材。在电影《埃及艳后》中，伊丽莎白·泰勒、索菲亚·罗兰都饰演过女王这一角色。电影里的埃及艳后是一位绝世美人。在凄美的自杀悲剧上演前她展现了迷人的魅力，让那些男人们为她着魔，恺撒大帝和安东尼都为她的美色倾倒。但让人大跌眼镜的是，有人说，影片中美丽绝伦的埃及艳后事实上是五短三粗的丑婆娘。传说她个子很矮，不足1.5米，而且身材臃肿，不会穿着打扮，脖子上还有赘肉，牙齿已经糟糕到需要找牙医修补的地步。

英国人的观点

英国国家博物馆曾首次推出了埃及女王克里奥帕特拉的展品展览，共展出了11尊女王的雕像。在这些雕像中所展现的女王不过是个相貌平庸、脸部线条分明、一脸刻薄相的女人。

负责此次展览的英国工作人员说：“虚构的故事通常都是子虚乌有的。”

从博物馆的展品看来，克里

奥帕特拉并不像一个风情万种的美人，倒像是个女学者。据说她的第一语言是希腊语，她还会说拉丁语、希伯来语、亚拉姆语和埃及语。

坚持“埃及艳后容貌丑陋”这一观点的人认为：在克里奥帕特拉死后，有关她美艳的传奇蔓延开来。但真实的克里奥帕特拉只不过是一个矮胖、满口坏牙、鹰钩鼻子的女人。这不禁让人怀疑：她如此丑陋又如何能够俘获那个时代两位最强势男人的心呢？对于英国人的这一观点，埃及人奋起维护他们心目中的女神。埃及人认为英国媒体是在诋毁克里奥帕特拉，因此，这一观点遭到了埃及人的强烈抗议。有人还将此事联系到几年前英国戴安娜王妃和埃及人多迪的恋爱故事，一些人到现在还认为那次车祸是英国人的阴谋，因为英国人不想让戴安娜这位英国美人嫁给一个埃及人。这回英国人攻击埃及艳后也是同样出于忌妒。为了维护心中圣洁的女神，埃及人进行了一系列反驳。

埃及人的观点

埃及大学文物学院前院长布鲁非苏尔说：“克里奥帕特拉脸部的细腻光泽和神韵是无可挑剔的，她挺拔的鼻子和端庄的五官在古今世界女王中绝无仅有……”埃及吉萨文物局长扎西哈瓦斯博士说：“英国人说克里奥帕特拉丑陋和肥胖纯属胡言乱语，他们应该到埃及卢克索神庙去瞧瞧，这座神庙里有保存完好的克里奥帕特拉的浮雕，如果克里奥帕特拉像英国学者描述的那样不堪入目，那么为什么身边美女如云的罗马的

两位盖世英豪会不顾一切地迷恋这位埃及女王?”

除坚持艳后美丽绝伦外，有的埃及学者还指出克里奥帕特拉的智慧更在其美貌之上。埃及哈勒旺大学的教授吉哈宰克先生说：“尽管克里奥帕特拉不像她与罗马将军的爱情故事中描绘的那么靓丽，但她却是聪明过人的，她不是用美人计在对付罗马将军，而是用智慧。”埃及亚历山大希腊罗马博物馆馆长艾哈迈德博士表示：“克里奥帕特拉在她 17 岁时就接替父亲治理国家，她统治埃及是依靠聪慧的头脑和深厚的文化底蕴。她与罗马将领们相处的三件武器是聪慧、泼辣和温柔。”

埃及人反对《星期日泰晤士报》的荒谬报道。举办艳后石雕像展览的英方负责人苏珊·沃克拉女士更明确地表示：“艳后的美是不容置疑的，《星期日泰晤士报》根据残缺不全的雕像，采用电脑技术绘制出来的克里奥帕特拉的肖像是绝对不真实的，他们的这种做法只是想提高一下报纸的发行量。”埃及艳后不但受到埃及人的推崇，在世界范围内她也有很大影响。法国哲学家帕斯卡在《思想录》中写道：“要是克里奥帕特拉的鼻子长得短一些，整个世界的面貌就会改变。”海涅与莎士比亚为她写下传世的诗篇和戏剧，而美国著名影星伊丽莎白·泰勒在电影中也极力展示出了埃及艳后的美艳。

一本名为《震惊世界的女人》的书中这样介绍克里奥帕特拉：“她

有像青春少女那样的婀娜身段，有一双乌黑发亮的大眼睛，高高隆起的鼻子显得她比普通妇女高贵。一头乌黑发亮的长发映照着她细腻白皙的肌肤，使她裸露的肢体如脂似玉，她嘴唇微翘，似笑非笑，蕴藏着一种高深莫测的神秘。在她身上兼具了东西方美女的妩媚与丰韵，可谓天姿国色。”

对于埃及艳后的容貌，以上这些争论都不无道理，但都带有个人的感情色彩，因而它们无法公正、客观地向世人展示克里奥帕特拉的容貌。埃及艳后到底是不是绝世美人这个疑惑，世人也许永远都找不到答案。

罗马皇帝克劳狄之谜

正史的记载与野史传闻总是有着天壤之别。比如克劳狄，在正史中，他是一个有主见、有作为的皇帝；但在野史中，他却是一个以“傻”著称的傀儡。而真相又到底是怎样的呢？

罗马还是乍暖还寒的时候，带着咸味的海风时时吹来，既让人感受到阵阵寒意，也给地中海沿岸带来了初春的气息。公元41年1月24日这一天，罗马城中的人们在街道两旁翘首期盼，还有的人在街头巷尾走来走去。元老院议事厅里灯火通明，人声鼎沸的场面已经持续了两天，还没有停止的迹象。原来在三天前，罗马帝国的皇帝盖乌斯在皇宫里被近卫军刺杀，现在元老们正在为新皇帝的人选问题争执不休。突然，门外一阵混乱，人们循声望去，只见皇宫的近卫军官兵正簇拥着一个人走过来，这个人就是已逝皇帝的叔叔，罗马无人不知的“傻子”克劳狄。

克劳狄登基的始末

事情是这样的：当盖乌斯被暗杀的时候，当时已50多岁的克劳狄正好亲眼目睹了整个过程，他吓得躲在窗帘后面浑身战栗。近卫军发现后将克劳狄拖了出来，原本打算杀了他，但看到他没有一点男子汉气魄，便放过了他。当元老院的元老们为了新皇帝的人选争论不休的时候，近卫军竟恶作剧般地拥立克劳狄为皇帝。

近卫军们不断高呼着克劳狄的名字，议事厅里却没了声响，元老们面面相觑，好长时间才明白发生了什么事。近卫军的力量在当时是没有人能与之对抗的，元老们只好照办。尽管内心并不同意，但元老们还是赶紧争先恐后地把皇帝惯有的头衔和权力授予了克劳狄。于是，罗马历史上第一个由近卫军拥立的也是唯一一个以“傻”著称的皇帝克劳狄，就这样在垂暮之年传奇般地登上了罗马皇帝的宝座。更叫人难以置信的是，当时的罗马帝国经过长期的对外扩张，已经成了一个横跨亚、非、欧三大洲、以地中海为内海的大帝国，而这个“傻子”皇帝竟能统治这个庞大的帝国达 13 年之久。人们不禁要问：他是故意装作傻子的智者，还是真的低能，由别人在幕后掌控他？

人们对“傻子”皇帝的评价

一直以来人们都叫克劳狄“傻子”。公元前 10 年克劳狄出生于罗马行省高卢的首府——鲁恩，其父德鲁素斯就是这个省的总督。虽然出身高贵，但童年和少年时期的克劳狄却并不幸福。无情的病魔不仅让他失去了健康，更毁坏了他的容貌，他的智力和思维也没能正常发育，他的身体弱不禁风，行动迟缓笨重，不会和人沟通。他长期生活在歧视和嘲笑中，是奥古斯都家族有名的“丑小鸭”。

不过，史书中对克劳狄的记载却出入很大，众说不一，并由此引发了后人长期的争论。

根据一些史料记载，克劳狄不但在学术上有自己的见解，在政治上也很有作为。克劳狄当政前的皇帝昏庸无能，罗马帝国已经陷入了危机，国库空虚，很多元老相继去世，整个国家处于崩溃的边缘。克劳狄面对这样一个烂摊子，处理问题时所表现出来的信心、意志和智慧令所有人都敬佩。克劳狄登上皇位后做的第一件事就是重赏近卫军士兵，感谢他们的支持，并因此缓解了皇帝与军队之间的对立。他还以合作的姿态同元老院建立了融洽的关系，下令取消对有关被控叛国罪者的审讯，召回了一些被放逐的元老，同时归还了元老们被没收的财产。这一系列"仁政"在国家政治生活中创造了一种和谐局面。在外交上，克劳狄归还了以前的皇帝从希腊不择手段弄来的雕像等一些艺术珍品，同时他又御驾亲征，率领罗马军队横渡泰晤士河，征服了一些重要的城市和小国家。克劳狄也很体谅民间的疾苦，一上台就取消了不合理的赋税，向行省居民赠送公民权，提升他们的政治地位，这些措施巩固了帝国统治的基础。

而当时罗马最著名的斯多葛派哲学家塞涅卡对克劳狄的描述、评价却是前后自相矛盾。在一封信里，他称赞克劳狄皇帝是"恺撒之后心肠最好的人"，但在不久后的一篇讽刺文章里，他诬蔑皇帝是一个暴君、傻瓜，讥讽克劳狄会在死后变成一个南瓜。在当时的用语习惯里，南瓜是愚蠢的象征和代名词。后来的历史学家塔西佗等人也沿用了这种说法，一方面称赞克劳狄在统治初年的宽厚仁和，把国家治理得井井有条，赢得了人民和将士的敬爱，另一面又嘲笑他是个没有主见的笨蛋，只是按照妻子和奴仆们的意见行事，不像一个皇帝，更像一个傀儡。苏托尼乌斯在他的《十二恺撒传》里写道："由他（克劳狄）自己决断的事还不及他的妻子和被释奴仆命令的多，因为他总是依他们的意志做事。”总而言之，同时代的历史学家大都倾向于否定克劳狄，把他看作是一个傻子。

在20世纪上半叶，西方历史学界掀起了对克劳狄个性特征、功过是非的重新评估、重新研究的热潮。这一次，学者们各执己见，但还是无法统一结论。

公元54年，克劳狄不明不白地死去，据说是被他的妻子用毒蘑菇害死的。他挣扎了12个小时后，悄然死去了，死后他被元老院奉为神。

这样，克劳狄传奇的一生就成了一个谜。

罗马皇帝提图斯的性格变化之谜

提图斯可谓是最完美的罗马皇帝，因为没有哪位罗马皇帝能在在位期间让人无法找到任何瑕疵，而他却做到了。最令人惊奇的是，他在即位之前却是个魔鬼般的人物……

提图斯是以贪婪出名的罗马皇帝韦斯巴香的儿子，但是与他臭名远扬的父亲相反的是，提图斯虽在位时间不到三年，却让人无法找到过失和污点，在民众中有着最高的赞誉。但提图斯刚上台的时候，人们对他并不信任，甚至是恐惧，而且有人认为他会是第二个尼禄。这是为什么呢？

少年时代的提图斯

少年时代的提图斯就表现出超出常人的气质，在许多方面他都非常优秀，他相貌英俊，身体健壮，既威武又和蔼，且精通骑术和武艺。他

也有着深厚的文化修养，并以记忆力超强著称。他对什么事情都很感兴趣，而且不用打草稿就能用拉丁文和希腊文作诗。他还有音乐天赋，吹拉弹唱，无一不通。但即使年少的提图斯如此才华出众，罗马公众也并不喜欢他，相反，他们十分憎恨提图斯。

原来，在年少的提图斯身边簇拥着一大群狐朋狗友，而这些人大都是罗马城中名声最坏的人，提图斯却和他们在一起长期厮混。他和犹太国王阿格里巴一世的女儿贝勒尼斯的关系暧昧，甚至据说他有和她结婚的意图。人们还怀疑他谋取贿赂和营私舞弊。除此之外，人们还觉得提图斯是一个冷酷残暴的人，因为在他担任禁卫军长官时，只要有人引起他的怀疑，他就秘密地派遣卫队杀掉那个人。在向耶路撒冷发动的最后攻击中，他残忍地用 12 支箭射杀了 12 名守卫者。

登基后的提图斯

对于这样一个魔鬼般的人物，罗马民众早已经绝望了，可是当上皇帝后的提图斯却发生了蜕变，仿佛换成了另一个人似的。皇帝提图斯充分展示出了一个统治者所应具有的王者之风。他一上台就把贝勒尼斯送出罗马城，对于他和贝勒尼斯来说，这都是一个痛苦的决定。在提图斯过去的情人中有一些是舞艺高超的舞女，她们成了舞台明星，但是当提图斯登基后，他不仅和她们终止了交往，而且从来不到公共剧场观看她们的表演。他不愿接受别人的财物，甚至连正当的和习以为常的捐资也要拒绝，更不会像他的父亲那样向民众勒索财物了。

对于别人的要求，提图斯都尽量去帮助实现。当他的家人说他许诺太多难以兑现时，他却说不应该让任何人在同自己的皇帝交谈后失望地离开。每天晚上，他都会回想自己白天做过的事，有时会因为这一天没有帮助人而难过不已。当罗马发生天灾时，他还自己出钱救济难民，把自己别墅中的装饰物拿去修饰神庙。

提图斯还表现出前所未有的忍耐和宽容，为了让自己的双手远离血腥，他宣布接受大祭司的职务。他遵从自己的诺言，此后，他再也没有判决任何人死刑。当两名贵族青年被揭发有反叛的意图后，提图斯宽恕了他们，只是警告他们放弃这种念头，因为皇权是命运赐给皇帝的，是不可动摇的。如果他们想要别的东西，他倒可以考虑。而在对待自己的弟弟时，他的表现就更加宽容，自从他继承皇位以来，他的弟弟就没有停止过暗算他，甚至公开煽动军队造反。但是提图斯不但没有处死或流放他，还对外宣称他是自己王位的继承人，坚持让他享有从前的所有荣誉。有时提图斯还私下同弟弟交谈，哭诉着与弟弟求和，希望兄弟俩能够继续像从前那样和睦相处。

公元 81 年 9 月 13 日，提图斯在自己的别墅中因病逝世。噩耗传开后，罗马民众悲痛不已，举国皆哀。元老院的元老们等不及发布讣告，就全部聚集到元老院的议事大厅里，用最美妙的词汇颂扬提图斯，表达对皇帝的敬重与哀悼。总之，一切提图斯在有生之年没有获得的荣誉，在他死后都加倍地得到了。

提图斯年轻时残忍，而且生活散漫，即位后，他不仅没有在权力面

前迷失，反而约束了自己的行为，使他和他的政府成为智慧与荣耀的模范。更为幸运的是，他在位只有两年多，时间也没有给他滥用权力和作恶的机会，所以在人们记忆中的皇帝提图斯永远是慷慨、慈爱和宽容的代名词。

提图斯为什么会从一个人人厌恶的魔鬼变成圣洁的天使？这是英年早逝的提图斯留给世人百思不得其解的疑问，可惜由于史料的缺乏，还没有人能准确地解释这个问题。如果我们找到了这个难解之谜的答案，很多教育、个人修养方面的难题也许就会有了解决方法，也就会培养出更多的贤人雅士。

查理大帝的加冕事件

公元800年的圣诞节，查理被罗马教皇加冕为罗马皇帝，史称查理大帝。法兰克王国遂称为查理曼帝国。在查理统治期间，他率军东征西战，不断扩大自己的疆域和版图，从而使查理曼帝国盛极一时。

法兰克王国是由法兰克人从公元5世纪末到10世纪末建立的封建王国。在罗马帝国江河日下的时候，法兰克人正逐步崛起。法兰克人原来居住在莱茵河下游地区，属于日耳曼人的支系。公元486年，一个叫克洛维的人率领军队把西罗马人赶出高卢地区，并定都巴黎建立了墨洛温王朝。公元8世纪前期，权臣查理·马特逐步掌握了王国的实权。公元751年，马特之子“矮子”丕平废掉国王，自立为王，建立了加洛林

王朝，但新王朝最强盛的时期却是由丕平的儿子——查理大帝开创的。

当时法兰克王国正处于西欧封建化进程进一步加快时期，查理所推行的政策加速了王国的封建化进程，并得到新兴封建地主阶层的拥护。查理率军常年在外征战，法兰克王国的版图也在不断扩张。在经历了五十多次战役后，法兰克王国成为几乎覆盖西欧的大帝国。在公元 800 年的圣诞节，罗马教皇利奥三世将查理加冕为“罗马皇帝”，他就是历史上赫赫有名的查理大帝。

关于查理加冕众说纷纭

关于查理加冕称帝的问题，历史上有着版本不一的说法。有人认为查理并未想过加冕，那只是教皇一厢情愿的投桃报李行为。后来的很多学者也认同这一说法，这是因为爱因哈德从 20 岁起就被查理聘请到宫中担任秘书一职，参与机要，他一生中的大部分时间都追随查理，并深得查理的信任，所以他的记载应该是接近真实情况的。

如果爱因哈德说的是真的，查理不愿意称帝，除了顾忌拜占庭人的仇视，还有没有其他的原因呢？还有一些学者普遍认为他忌讳的是教皇利奥三世。教皇主动给他加冕表面上看来是报恩，但同时也是趁机索取一些权力。查理虽然是个虔诚的基督徒，但也不愿看到教会参政，为此，他特意保留了“法兰克及伦巴德国家”的称号，当他的儿子继位时，查理亲自主持了这一神圣仪式。

且不论查理是否愿意接受罗马教皇的加冕，实际上，他已成为古罗马帝国的合法继承人和基督教世界的保护者，而这次加冕在中世纪的历史上却有着深远的影响。它为教廷和王廷在西欧进行双重统治打下了政治基础，同时开创了中世纪教皇为皇帝加冕的先例。它象征着皇权源自上帝，而皇权由教皇授予，则暗示着教皇权力在皇帝之上，这也为此后教权与王权之争埋下了伏笔。

亨利八世离异之谜

作为英国都铎王朝的第二代国王，虽然亨利八世组建过一个较为完善的政府和一支强大的海军，但他却算不上是一个伟大的人物。后人津津乐道的不是他的功业，而是他几番波折的“离婚”闹剧。

亨利八世于1509年正式成为国王，参与过争夺意大利的战争。曾经因没能成功离婚而与英国教会产生分歧，并于1534年颁布法案，确定国王取代教皇成为英国圣公会的首脑，从而提升了王室在教会中的地位，扩大并强化了王室专制的权力。

政治婚姻

1501年11月14日，西班牙女王伊莎贝拉和斐迪南之女凯瑟琳与亨利的长兄阿瑟成婚，凯瑟琳带着一份高达20万德克（约500万美金）

的嫁妆来到英国。1502 年 4 月，新婚不久的阿瑟不幸病故，亨利正式成为王储。英国为了留下凯瑟琳那笔丰厚的嫁妆，同时也不愿终止与赫赫有名的斐迪南的联姻，于是在亨利七世的建议下，凯瑟琳又许配给了王储亨利。当时亨利只有 11 岁，虽然不同意这门婚事，但皇室人员以国家民族大义进行劝说，他最终还是同意了。1509 年，王储亨利即位，称为亨利八世。6 个礼拜过后，王室才公开庆祝这桩婚姻。

7 个月后，凯瑟琳生下了第一个孩子，但孩子刚生下来就夭折了。一年后，凯瑟琳又生了个男孩。正当亨利八世为都铎王族后继有人感到高兴时，孩子又不幸夭折了。接下来，在 1513 年和 1514 年凯瑟琳又生了两个男孩，却都同样夭折了。亨利八世感到了绝望，于是就产生离婚的念头。1516 年，凯瑟琳生了一个女孩，也就是后来的玛丽女王。1518 年，凯瑟琳又生了一个死胎。这样一来，不单是亨利八世，就连全英国的民众也开始担忧。因为年仅两岁的玛丽，当时已许配给法国皇太子，若亨利八世没有儿子继承王位，玛丽将来就会成为英国女皇，而她的丈夫则成为法国国王，若是这样英国就成了法国的一个行省。

亨利八世“离婚”闹剧

和其他皇帝一样，亨利八世也希望通过军事冒险完成霸业。当时，法国和西班牙为争夺意大利在欧洲大陆进行激战，亨利八世于 1512 年参战，支持他的岳父——阿拉贡的斐迪南。但在实际战争中，他并没有展示出杰出的军事才能。亨利八世特别信任沃尔西，让沃尔西一人兼任约克郡大主教、枢机主教和英格兰大法官。沃尔西觊觎教皇之位，亨利八世也表示支持。但是沃尔西的内外政策均遭破产，使亨利八世的名声也受到影响。亨利八世企图以自己的无嗣问题来转移别人的注意力，从1527年起，他不断提出与凯瑟琳离婚。他说与寡嫂结婚违反上帝的旨意，儿子夭折就是上帝的惩罚，只有离婚上帝才能宽恕他。因为这桩婚姻原是教廷批准的，亨利八世只好向罗马教皇提出离婚申请。当时的教皇完全听命于法国的查理，而凯瑟琳是查理的姑母，教皇自然不会同意离婚。后来，亨利八世又再次把自己的离婚案提交给教皇裁决。1529年6月21日，亨利八世与王后凯瑟琳全部出庭。凯瑟琳见到亨利八世便俯身下拜，她苦苦哀求亨利八世不要离婚。她请求亨利八世顾念多年的夫妻情分，最后她问亨利八世，她到底做错了什么事。亨利八世把她扶起来对她说，他不否认这是一桩美满婚姻，他之所以这样做的理由，完全是为了皇室与国家。当时主持裁判的费希尔主教，出面为凯瑟琳进行了辩护，使得离婚没有实现。

事实上亨利八世坚持与凯瑟琳离婚，并非出于国家利益的考虑，而是他喜欢上了凯瑟琳宫中一个名叫安妮的女子。亨利八世对教廷的裁决极为不满，他索性开始和安妮公开交往。恋爱中的亨利八世为安妮写下了脍炙人口的17封恋爱信。这些“情书”至今仍珍藏在梵蒂冈图书馆。安妮为了能够得到合法地位，也希望亨利八世尽快离婚。亨利八世

见罗马教廷不肯同意自己的离婚申请，于是请英国教会裁决，但也未得到受理。这时亨利八世便迁怒于主教沃尔西，把为他效命15年之久的沃尔西视为异己势力，沃尔西虽未被处死，却被剥夺了一切财产和权力。

经过几次离婚请求的失败，亨利八世便有了脱离罗马教会的念头。英国国会于1534年通过《至尊法案》，确定国王代替教皇成为英国圣公会的首脑，这提高了王室在教会中的地位。1539年克伦威尔上台，主张英格兰教会脱离罗马教会。至此，亨利八世

终于如愿以偿地离婚了。离婚后的亨利八世与安妮结婚，但安妮也没能生下皇子，亨利八世后来罗列罪名将她处死。1540 年 7 月亨利八世又将扶他登上至尊地位的克伦威尔送上了断头台。在 1530 年以后，亨利八世的健康状况每况愈下。1540 年～1542 年间亨利八世先与年轻美貌的卡瑟琳·霍华德住到一起，后来又和温柔的卡瑟琳·帕尔结婚。但亨利八世因疾病缠身，不久便告别了人世。

伊凡雷帝杀子之谜

伊凡四世是俄国历史上第一位沙皇。他的性格乖戾、暴虐，而且生性多疑，因此他又被称为“雷帝”，即“恐怖的伊凡沙皇”。人们常说“虎毒不食子”，而伊凡雷帝却被怀疑杀死了自己的儿子……

阴暗的童年

伊凡雷帝即历史上的伊凡大帝，他 3 岁就继承了莫斯科和全俄罗斯大公位，号称伊凡四世。他也是俄国历史上第一位沙皇。伊凡四世性情凶残且生性多疑，因而得名“雷帝”。他的凶残与幼年的生活环境是分不开的。可以说他在 17 岁亲理朝政以前是生活在一片黑暗中，先是他的母亲倒行逆施，接着是母亲神秘地死去，然后是贵族们为了权力长期相互拼杀。这样，伊凡雷帝没有接受到很好的人文教育。在这种极端阴

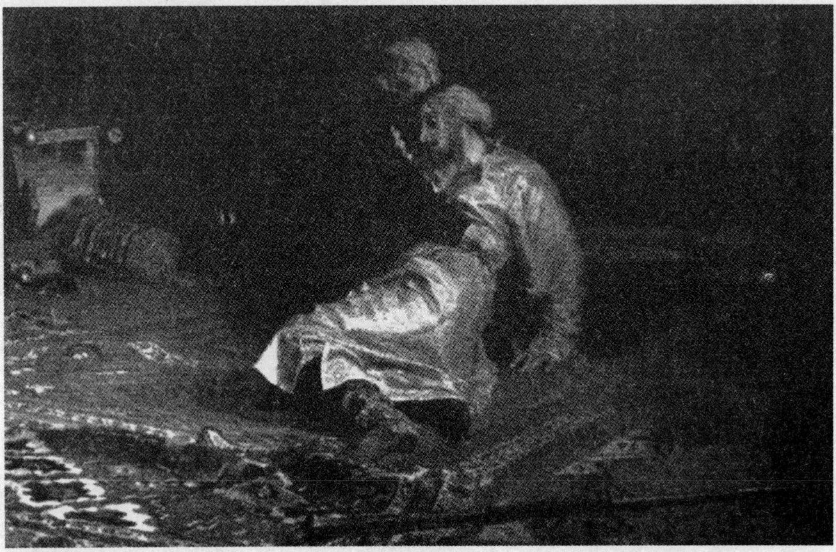

暗的环境中成长起来的伊凡雷帝，很早便目睹了宫廷生活的黑暗和丑恶，在他的内心世界也埋下了暴戾多疑的种子。俗话说“虎毒不食子”，然而伊凡雷帝却被怀疑亲手杀死了自己的儿子。这传说可信吗？

俄国著名画家列宾创作过一幅名为《伊凡雷帝杀子》的油画：整个画面气氛灰暗压抑，弥留之际的皇太子伊凡将头无力地靠在父亲的胸前，伊凡雷帝惊悸地搂着儿子，一只苍老的、血管突出的手抱着伊凡，另一只手紧紧按住儿子流血的伤口，试图挽回儿子的生命，但这显然是徒劳的，伊凡的身体软绵绵地倒在地毯上，他用绝望而宽恕的眼神望着年老的父亲，而伊凡雷帝的双眼中则充满着悔恨，两人的眼神形成了强烈的对比，整幅画有着一种令人震撼的艺术魅力。

乖戾残暴的雷帝

为什么人们会怀疑伊凡雷帝杀子呢？这可能是因为伊凡雷帝的性格非常残暴，当他还是个孩子时就经常把捉住的小鸟一刀一刀地杀死，或是将手中的小狗从高墙上扔下摔死，从而发泄心中的不快。13 岁那年，他曾放出豢养的恶狗，将当时执掌朝政的皇叔伊斯基活活咬死，并将尸体挂在宫门示众。而当他刚登上皇位时，为了加强统治，就在全国范围内实行恐怖政策，严惩反对皇权的大贵族，这一政策也殃及了许多无辜的平民。他还以炮烙、尖桩刑、活挖人心、剖腹抽筋等酷刑处死了数万人，因此，人们称他为“雷帝”，这一称谓是“恐怖的伊凡沙皇”的意思。

他的独裁和暴政不仅使遭到镇压的大贵族们心生不满，也引起了广大人民的强烈反对，就连沙皇身边的人，也有“朝不保夕”的危机感。本来，伊凡雷帝的暴

戾性格在他娶了温柔善良的皇后之后略有好转，皇后能理解伊凡雷帝，她开始以自己的温柔软化沙皇的残忍与阴暗，她如同天使般抚慰着伊凡雷帝。可是，拯救伊凡雷帝性格缺陷的天使没能陪他终老。1560 年，伊凡雷帝亲眼看着心爱的女人病逝。失去皇后的伊凡雷帝，在童年时期形成的暴虐性格又开始显现了。到了晚年，孤独使伊凡雷帝性情变得更加乖戾、喜怒无常，他总是惶惶不可终日，总觉得有人要害他。但是，对于他的长子、未来的皇位继承人伊凡，他还是特别疼爱的，时常让他陪伴着自己，可以说，除了这个儿子，他已经不再相信任何人了。可是这位皇太子却死在伊凡雷帝的前面，上演了一幕“父存子亡”的悲剧。

伊凡太子的离奇死因

关于伊凡太子的死因有着多种说法，最普遍的一种是从 1581 年起，伊凡雷帝开始怀疑太子有夺取皇位的野心，多疑的性格使他越来越不能平静，父子关系也因为他的提防而紧张起来。有一天，伊凡雷帝看见伊凡太子的妻子叶莲娜只穿着一件薄裙在皇宫中出入，这违反了当时俄国妇女至少要穿三件衣裙的规定。伊凡雷帝勃然大怒，竟动手打了儿媳，使已经怀孕的叶莲娜因惊吓过度而流产。伊凡太子知道后，对父亲大吼大叫，伊凡雷帝也非常气愤，一边大骂着“你这个可耻的叛徒”，一边

举起手中的铁头权杖向儿子刺去。晚年的伊凡雷帝手里常常拿着一根铁头权杖，铁头权杖是一根顶端包有铁锥尖，柄上刻有花纹的长木杖。伊凡雷帝如果发脾气，就会用这个铁尖木杖向对方刺去，而宫内的人只要听到木杖敲击地面的声响，就会吓得赶紧躲起来。伊凡雷帝也没有想到自己的铁杖正好刺中了儿子伊凡的太阳穴，然后就如同列宾笔下《伊凡雷帝杀子》中的惨状一般，最后伊凡太子因伤势过重结束了年轻的生命。

俄罗斯历史学家斯克伦尼·尼科夫却有另一种看法，他认为，当时伊凡父子有过激烈的争吵，但伊凡雷帝只不过用权杖在儿子身上敲了几下，并没有造成太子的当场死亡。太子伊凡原先就有恙在身，再加上丧子和恨父，心情极度悲伤，以致癫痫病发作，后来又引起并发症才导致他的死亡。因为伊凡雷帝在争吵前几天所写的一封信中曾提到："儿子伊凡病倒了，今天他仍在病中。"所以，伊凡的死应该是病死，并非伊凡雷帝失手杀死了他。

在各国历史上，宫廷内部也会有血腥与杀戮，像这样的父子相残、兄弟反目的事情不在少数。伊凡雷帝是否杀死自己的亲儿子，只有慢慢寻找真实答案了。

印度末代帝国皇帝死于异乡之谜

任何一个王朝的末代皇帝都曾凌驾于万人之上，然后经历从权力顶峰滑落的过程，他们是强大帝国的继承人，同时也是帝国“终结”的见证人；他们拥有着“高贵”的血统，却“卑贱”地结束了自己的生命……

在印度近代历史上，莫卧儿王朝曾盛极一时，其版图几乎覆盖整个南亚次大陆。然而莫卧儿王朝的末代皇帝——穆罕默德·巴哈杜尔·沙却死在远离故土的异域。这是怎么回事呢？

爱写诗的吸毒者

18 世纪中期，莫卧儿帝国日渐衰落。与此同时，英国殖民者为了掠夺财富，凭借着强大的军事力量在印度建立起殖民统治。到 1764 年，

莫卧儿王朝彻底沦为了英国殖民者的傀儡政权。此后的历代皇帝都被限制在首都德里，整日生活在红堡内，依靠英国政府发放的年金度日。正是在这种环境下，巴哈杜尔·沙于 1837 年继承了皇位。

当时，英国制造的鸦片正在亚洲大肆流通，印度皇宫也未能幸免。据记载，巴哈杜尔·沙从小就开始吸食鸦片，并且已经到了痴迷的地步。与前代皇帝相比不同的是，巴哈杜尔·沙还是一位诗人，经常写一些风花雪月的诗歌来赞美自己的后宫生活。

巴哈杜尔·沙在位期间，英国殖民者对印度的殖民统治变本加厉。1848 年，戴贺胥就任印度总督后，抛出所谓的"丧失权力论"。其中规定：若印度王公死后没有子嗣，他们的领地和年金就要收归英国东印度公司所有。1854 年，巴哈杜尔·沙原先所立的太子病故。巴哈杜尔·沙为将王朝的基业延续下去，便写信请求戴贺胥允许他另立太子，戴贺胥虽然同意了他的要求，但却宣布巴哈杜尔·沙死后，其继承人不再是皇帝，皇室成员也要离开红堡到郊区生活，皇室的赡养金则从每月 10 万卢比缩减到 1.5 万卢比。

消息传出后，印度人民群情激奋，一向懦弱的巴哈杜尔·沙也不再妥协退让。他决心寻找机会摆脱英国人的控制，东山再起。就在这时候，一场波及整个印度的反英民族大起义爆发了。

反英起义的精神领袖

1857 年初，由于英国殖民者在印度军队中亵渎士兵的宗教信仰，引发了印度民族大起义。5 月 10 日，德里附近的印度第三骑兵团士兵打响了起义的第一枪，并宣布拥戴巴哈杜尔·沙为印度皇帝。

面对从天而降的良机，巴哈杜尔·沙积极与起义军进行合作，试图摆脱英国对印度的统治。他不但派太子担任起义军的总司令，而且还在皇宫里整天祈祷。

作为起义军的精神领袖，他不断发布文告，呼吁不同族群和宗教信仰的印度人联合反抗。他在文告中说："印度斯坦的子孙们！如果我们抱定决心，立即就能消灭敌人。"这些豪言壮语极大地鼓舞了起义军的作战热情。

在起义初期，起义军连战连捷，英军总指挥巴纳德也被击毙。不过当英国把派往中国、锡兰的军队召回后，形势就有了转变。与此同时，起义军内部的分裂加重了局势的恶化。9 月 21 日清晨，英军重新夺回了德里。当起义军撤退时，巴哈杜尔·沙拒绝逃亡，而是率领家人躲藏到祖先的陵墓中。由于皇太子岳父的出卖，很快，英军骑兵包围了他们。一开始，英军少校霍德森曾许诺，保证巴哈杜尔·沙等人的安全。然而当他们被抓获后，霍德森却残忍地枪杀了两位皇子和一位皇孙，从而使莫卧儿王朝没有了继承人。

流放异国的诗人皇帝

东印度公司于 1858 年进行战后审判时，将巴哈杜尔·沙列为"首恶"，巴哈杜尔·沙的"印度皇帝"称号也被剥夺，英国女王维多利亚则占有了这一称号。为了防止再次出现动乱，英国将巴哈杜尔·沙和剩余的皇室成员押解到缅甸仰光囚禁起来。

在囚禁期间，只有皇后陪伴着巴哈杜尔·沙。这位曾一度辉煌的皇帝，唯一自由的活动就是写诗。1862 年 11 月 7 日，巴哈杜尔·沙在仰光去世，莫卧儿王朝就此结束。临死之前，他还惆怅地在诗中写道："爱的一切都去了，就像被秋天夺去美丽的花园，我只拥有记忆中的辉煌。"

巴哈杜尔·沙死后，英国人将他偷偷安葬在仰光附近的一座佛教寺庙内。直到 1991 年，巴哈杜尔·沙的墓地才被人发现，后人在他墓前立了一座纪念碑，以此纪念这位忧郁的印度诗人皇帝，一位客死他乡的末代皇帝。

梅林宫自杀事件之谜

哈布斯堡家族有着无数秘密，梅林宫自杀事件正是这个欧洲王族的众多秘密之一。权倾一时的皇太子为何突然自杀，是爱情悲剧，还是政治阴谋？直至现在它仍然是一个等待破解的谜。

1889年1月30日奥匈帝国的皇太子和他的情人在梅林宫的房间里开枪自杀了。没人知道他们为什么选择自杀，梅林宫自杀事件也成为17世纪末至20世纪初欧洲的六大历史谜团之一，到现在也没有人能弄清事情的真相。

悲剧缘于殉情自杀

从皇太子和他的情妇自杀于梅林宫这一表象来看，梅林宫的悲剧可能是殉情自杀。皇太子鲁道夫在16岁的时候就和比利时公主斯德法妮订婚，然而他们的婚姻并不幸福，尤其让鲁道夫失望的是斯德法妮在生了一个女儿之后便不能再生育了。长久以来，鲁道夫一直都想要离婚，但是奥匈帝国的皇帝坚决反对。有一次，鲁道夫甚至自作主张，在没有征得皇帝同意的情况下，向罗马教皇提出了解除婚姻的要求。教皇没有答应他的要求，而是把这件事告诉了约瑟夫皇帝。皇帝大发雷霆，他把鲁道夫狠狠地训斥了一顿，警告他不要再胡来。绝望的皇太子于是到处寻欢作乐来麻痹自己，他结交了许多漂亮的舞女和卖弄风情的伯爵夫人，经常夜不归宿，通宵达旦地和那些女人

在一起厮混。

1887年末，在一次波兰人举行的舞会上，鲁道夫邂逅了一位名叫玛丽·维兹拉的少女，玛丽·维兹拉对皇太子一见钟情，疯狂地爱上了他。接下来的几个月里，玛丽写了大量充满浓烈爱意的情书给皇太子，最后鲁道夫似乎也被少女的痴情打动了，感到了一种从未体验过的甜蜜爱情。两人之间的感情飞速发展，每时每刻都不能分开，因此还闹出了一场丑闻：1888年6月，皇太子夫妇应邀去英国参加维多利亚女皇登基五十周年庆典，玛丽在皇太子夫妇之前就赶到了英国，等待和鲁道夫约会，太子妃知道后拒绝陪皇太子前往。这件事情之后，皇太子夫妇之间的关系更是冷到了冰点。鲁道夫有一次公然对斯德法妮说："既然没有什么解决的办法，那么我就先打死你，而后我再自杀了事。"这些威胁性的话语传到了皇帝的耳朵里，让约瑟夫皇帝气愤不已，最后只得强行命令鲁道夫为了皇室的稳定断绝与情人的来往。

1889年1月28日，皇太子原本与胡约伯爵和他的妹夫相约一起乘火车去梅林宫附近的森林中打猎。凌晨5点半，皇帝突然召见了皇太子，一个半小时以后，鲁道夫回到了自己的办公室，他立刻写了几封信，分别是给斯德法妮、他的妹妹、他的母亲以及一些朋友的。接着他回到自己的寝宫，离开妻子和女儿独自动身去了梅林宫，很快，另一辆马车把玛丽接到梅林宫。

鲁道夫在自杀前的那个晚上，他给自己的贴身仆人洛斯谢克写了一张字条，让洛斯谢克去找一个牧师为他祈祷，并要洛斯谢克把他和“玛丽合葬在一起”。后来，人们从皇太子写给妻子的信中看到这样的话语：“你终于从我为你带来的痛苦之中解脱出来了，祝你永远幸福……”人们还从玛丽写给她妹妹的遗书中读到：“你只能为爱情而结婚。我没有这样做，所以情愿到另一个世界去。”因此，很多人认为，皇帝召见鲁道夫时一定痛骂了他一顿，并且逼他与玛丽断绝往来，痴情的鲁道夫不愿接受这样的安排，最后选择了殉情自杀。

政治原因引发悲剧

还有人认为皇太子的死可能缘于政治原因。鲁道夫作为皇位继承人，自幼就受到严格的教育，他的老师们都是帝国最出色的学者。有一段时间，他居然跟着一位被皇帝长期流放并参加过革命军的祭司学习。因此，鲁道夫在年轻时就曾匿名在奥地利报刊上发表抨击奥地利贵族制度的文章，尖锐地嘲讽说：“那些贵族们愚昧无知，根本不适合担任任何官职。”他的叛逆性格受到了皇帝的关注，他每次外出都有人暗中监视，他的住处也长期受到监视。

据传说，鲁道夫曾许诺只要匈牙利人起兵造反，他就会宣布其自治，而他可以就任匈牙利国王。因此鲁道夫很可能是因为政治原因自杀的。当然要证明这一点还缺乏有力的证据，不过他在写给妹妹的信中说：“我是没办法才要去死的。”似乎隐约能感觉到鲁道夫的死是被逼无奈的。

皇太子的死讯使整个皇宫紧张起来。官员们、侍从们在长廊里跑来跑去，一些人甚至紧张得不知所措。下午两点，皇帝召集全体皇室成员

和大臣们，讨论如何处理这一突发事件。最后皇室对外宣布：皇太子因为极度兴奋，于今日凌晨死于心肌梗塞。1889年2月2日午夜，一辆灵车将皇太子的尸体秘密运回了维也纳，5日，皇太子的灵柩被送往皇家墓地。葬礼规模并不大，不过据说皇帝悲痛万分，伤心欲绝。

其实整个事件的关键就是28日清晨皇帝紧急召见皇太子的那次谈话，他们父子之间的谈话内容极有可能是鲁道夫自杀的真正原因。

但是，皇帝对那次谈话缄口不语。当他辞世的时候也将梅林宫自杀事件的谜底带走了，使之成为一个难以破解的谜。